AF582953

PORTAL INTERIOR
Meditación autónoma

L. Vanessa Everardo

EDIQUID

PORTAL INTERIOR
Meditación autónoma

Editado por: Corporación Ígneo, S.A.C.
para su sello editorial Ediquid
José Olaya 169, ofic. 504, Miraflores. Lima, Perú
Primera edición, noviembre, 2023

ISBN: 978-612-5112-74-3
Impresión bajo demanda

Hecho el Depósito Legal en la Biblioteca Nacional del Perú N° 2023-09774
Se terminó de imprimir en noviembre del 2023 en:
ALEPH IMPRESIONES SRL
Jr. Risso Nro. 580 Lince, Lima

www.grupoigneo.com
Correo electrónico: contacto@grupoigneo.com
Facebook: Grupo Ígneo | X: @editorialigneo | Instagram: @grupoigneo

Colección: Integrales

Índice de contenido

Inspiración

He escrito este libro con la luz, la guía y la asistencia amorosa de los amados arcángeles de luz y Metatrón, que me han guiado con su contención divina durante todo el proceso de este trabajo y a quienes debo todo mi amor y mi entrega.

Dedico mi vida, aliento y devoción eterna a la luz divina y a todas sus manifestaciones de amor.

Así sea, así es, hecho está.

A ti

Dedico este libro a todos los maestros que me enseñaron el arte de meditar, de ir a lo profundo de mi ser, de conectar con mi sabiduría y esencia; gracias a ellos he podido encontrar mi camino de vida, el cual puedo transmitir a través de estas líneas.

Anhelo profundamente que, a través de este libro, encuentres las bases para adentrarte hacia tu portal interior, ese espacio sagrado dentro de ti que te permitirá atravesar los velos de la inconsciencia, dirigiéndote hacia tu esencia de luz, hacia el fascinante y eterno ser que eres.

Deseo con todo el corazón que puedas conectarte con tu guía más profunda, con tu ser interior, que es la parte más elevada de ti; para que a partir de ese maravilloso momento seas llevado por la senda de tu máxima realización interior, expandiendo tu corazón en consciencia tanto como te sea posible.

¡Que así sea!

Seguir al alma

Seguir a la mente es fácil. Te llenas de placeres cumpliendo tus deseos mundanos; siendo aceptado, admirado o envidiado por personas que quieren ser como tú, lograr lo que has hecho y, en ocasiones, hasta están dispuestos a realizar los más oscuros actos por acceder a todo el placer que ofrecen los pecados capitales a sus sentidos. Ello está a la orden del día.

Sin embargo, seguir al alma, al llamado interior, es un camino menos atractivo. De inicio es de los más áridos y solitarios que existen. Ahí no hay fama, dinero, lujuria ni conveniencia. Solo estás tú y tu compromiso; tú y tu camino, largo, empedrado y, en ocasiones, seco. En otras ocasiones, sin embargo, se convierte en un oasis reverberante de vida.

Es muy probable que nadie te siga, que vayas solo y que, de pronto, parezca no haber camino. No obstante, el compromiso es contigo, con tu alma. No puedes abandonar, sabes que no debes fallar, no puedes, no debes. Porque sientes en tu interior que, si te alejas, te pierdes, y todo el camino recorrido también se perderá.

Así que solo puedes seguir adelante, adentrándote en nuevos valles, montañas y desiertos que aparezcan en el camino, con la esperanza de volver a encontrar un bosque lleno de vida donde recibas el agua más pura de sus manantiales, la luz más sutil filtrada por las hojas de inmensos árboles, generando las caricias más hermosas que jamás nadie sentirá, pues son solo para ti.

Continúa el camino en silencio, siguiendo los dictados del corazón que, como faro, guía entre la niebla, la oscuridad, la soledad y la incertidumbre; con la confianza plena que tu corazón es quien contiene tu sabiduría divina, es el único que sabe tu destino. Aquel que tu alma trazó y al que anhelas llegar con profunda devoción.

Paso a paso descubres que el camino eres tú.

L. Vanessa Everardo

Introducción

En estos momentos de confusión y agitación en todos los ámbitos de la vida, en ocasiones ya no sabemos qué o a quién creer; por ello, es indispensable poder conectar con nuestra sabiduría interior, con la voz de nuestra alma, con nuestro propio ser.

Cada día, la independencia y autonomía de sentimientos y pensamientos es más necesaria para estar en un completo equilibrio y poder actuar desde nuestra verdad, desde lo que realmente somos, sentimos y pensamos. Sin embargo, encontrar la coherencia entre cuerpo, mente y espíritu es cada vez más complejo entre tanta turbulencia externa, que nos distrae y en la que estamos sometidos constantemente, hasta en ocasiones perder el rumbo de nuestra vida, sin saber a ciencia cierta qué camino seguir.

Hemos de comprender que esta agitación energética planetaria en la que vivimos hoy en día no cesará; al contrario, puede ir en aumento, por ello se hace indispensable saber encontrar el equilibrio interior para tener muchas más herramientas de acción y sortear con más facilidad estos agitados tiempos.

He creado este libro con la finalidad de proveerte una guía que te ayude a comprender que el camino hacia tu interior es más fácil de lo que imaginas. Al practicar la meditación paso a paso conquistarás la comunicación contigo mismo y con el universo, dentro y fuera de ti.

El objetivo de estas páginas es que aprendas la forma autónoma de meditar, de ir hacia tu interior y conectarte con lo más profundo de tu ser, que integres todas las fases que la meditación comprende en tu cuerpo como ser humano y te aventures hacia ella sin ningún temor, con todo el deseo y la confianza de lograrlo, sin depender de ningún dispositivo o plataforma externos para conectar con tu sagrada esencia. Una vez que cuentes con la meditación como tu gran aliada de vida, ya nada se interpondrá entre tú y tus sueños.

Lo único que tienes que hacer es confiar en ti. ¿En quién más si no? En lo que eres, en lo que has venido a hacer a este mundo, en que tu voz interior es la fuente más fiable, sin embargo, hay que aprender a acallar el ruido externo, para que puedas escucharla de manera silenciosa y sutil.

Con este libro te invito a que profundices en ti, en tus sentimientos, intuiciones y percepciones, que escapan de la esfera de la «realidad mental», pero que te llevan a la senda de tu verdad, si conectas con tu interior en profundidad. Con la práctica constante de la meditación podrás conocerte cada día más, encontrando tu propio método de interiorizar, aquel que marcará la forma de proseguir con tu camino de vida, sin margen de error.

En la senda del autoconocimiento y la autobservación profunda encontrarás a tu parte más sagrada conectando con tu energía más pura, conociendo al fin la esencia de tu ser interior, es decir, tú mismo en estado de luz y energía pura, esa que nunca muere, que solo se transforma.

El ser interior o superior es aquella parte de nosotros que se encuentra fuera de nuestra esfera de realidad mental, pero que es fundamental y a la que podemos acceder a través de la interiorización si así nos lo permitimos.

El ser interior es nuestra parte más elevada. Tiene todas las respuestas a nuestro camino de vida y, con su dirección y guía, nos mostrará siempre lo mejor para nosotros en cada etapa del camino, aunque a veces eso no corresponda con lo que el ego (la mente) desee.

Conectar con nuestra esencia se hace indispensable en estos momentos de confusión mundial. Saber acceder a la fuente de nuestra sabiduría nos traerá siempre grandes beneficios y apoyo cada vez que lo deseemos y permitamos.

Cuando conectamos con nuestro ser superior podemos activar el discernimiento interior, que nos ayuda a filtrar por medio de la consciencia plena y el corazón nuestras situaciones de vida. Esto, sumado a la intuición y la percepción, serán clave y nos marcarán el camino; conectando cerebro y corazón; pensando y sintiendo desde este último podremos filtrar nuestros pensamientos y emociones. Al desechar lo que no nos sirve y fortalecer aquello que da paz, luz y amor en nuestra vida podremos ejecutar lo que sea mejor para nosotros y nuestro entorno.

De este modo, tomaremos decisiones coherentes y encontraremos la guía hacía lo que de verdad nos llevará por el camino trazado por nuestra alma para un mayor bien, conectándonos con nuestro propósito de vida.

Debemos reconocer que somos seres emocionales y que las dos energías que más nos impactan son el amor y el odio, ya que son las únicas que trascienden el tiempo y el espacio, incluso por generaciones y generaciones.

Esto nos permite comprender la importancia de tener lo más limpio posible nuestro fondo emocional, ya que aparte de estar más tranquilos y felices, podremos evitar heredarles cargas familiares y energéticas a nuestros hijos.

Algunos somos seres muy racionales y necesitamos que la ciencia nos explique y demuestre todos los beneficios de la meditación; esto ya ha sido probado, por lo que contamos con el respaldo adecuado para decirle a la mente: «tranquila, esto es verdad, puedes confiar».

Una vez que hemos calmado a la mente y bajado la resistencia natural a lo desconocido, comprenderemos que, a través de la meditación, transformaremos nuestras emociones y pensamientos de manera natural, ya que estaremos en contacto con nuestro interior y seremos más conscientes de lo que nos sucede al observar, ordenar y permitirnos una sana forma de convivir con él.

Al meditar evitaremos la incesante repetición de aquellos pensamientos y emociones que no hemos comprendido y que aparecen como un carrusel imparable, lo que nos lleva a una alta ansiedad o a una profunda depresión. Si los dejamos fluir a través de la meditación autónoma lograremos un interior en constante movimiento, como un río que discurre interminablemente.

Meditar es una forma adecuada de atender nuestros pensamientos y emociones; ya que podemos reconocerlos, llegar a una comprensión de las situaciones, obtener el aprendizaje que decidimos lograr con esas experiencias y dejarlas fluir; entendiéndonos y dándonos el amor y la compasión que necesitamos.

Al resolver las situaciones que aquejan a nuestra vida podremos vivir en paz y en momento presente, liberándonos de la ansiedad y depresión constantes; disfrutando las relaciones con quienes compartimos.

Meditar nos ayuda a relajarnos y a encontrar el equilibrio. Nos permite sanar ayudándonos a salir del ciclo de la culpa y el remordimiento de cualquier situación vivida, propia o heredada que nos haya marcado emocionalmente, evitando así seguir traspasando emociones negativas a las siguientes generaciones.

También nos ayuda a ver y a entender las cosas de mejor manera. En la medida en que nuestro trabajo personal nos permite ceder en lo interior y aceptar aquellas situaciones de vida que tanto nos afectaron, podremos transformarlas y liberarlas, ya que caen los velos que no nos permitían comprender la profundidad de las situaciones a las que por fuerza nos acostumbramos, pero que hacen mella en nuestro interior mientras no sean resueltas.

La meditación autónoma nos ayuda a liberarnos de todas las emociones negativas que, conscientes o no, impactan en nuestro día a día, transformando de manera positiva nuestro sentir, pensar, hablar, actuar y compartir con los demás. Lograremos la paz, al integrar la congruencia en nuestra vida; elevando nuestra frecuencia vibratoria y la de las personas a nuestro alrededor.

Se ha demostrado científicamente que la meditación transforma el cerebro, generando la maravillosa posibilidad de cambiar la estructura de pensamientos en niveles muy profundos, lo que nos conduce a modificar nuestra realidad de manera efectiva.

Creamos nuestro mundo a través de los pensamientos, que se vuelven palabras y, después, actos que se materializan en nuestra vida. Al modificar aquellos de manera positiva, toda nuestra realidad también se transforma con naturalidad.

Al entrar en relajación profunda el cerebro cambia las ondas cerebrales; las frecuencias van descendiendo a medida que profundizamos en la relajación. Esto permite el acceso a mayores estados de consciencia, descubriendo de manera gradual la inmensa potencialidad de nuestro cerebro. Hacer esto de manera voluntaria, llegando a profundos estados de introspección, es conocido como meditación autónoma.

Al estar en meditación profunda, las ondas cerebrales se hacen cada vez más lentas y suaves, y cuando descendemos la acelerada actividad mental podemos tener acceso a mejores formas de estar y de pensar. Desde otra consciencia podemos ver las cosas con diferentes ojos: los internos.

Esto lo vamos a lograr conectándonos con nosotros mismos de forma clara y profunda; lo que nos permitirá, además de conocernos, comprender las situaciones que nos aquejan de una forma más relajada, descubriendo opciones de solución donde antes no las veíamos, porque estábamos inmersos en un ciclo de repetición negativa de pensamientos y emociones no resueltas.

Con la meditación autónoma podremos cambiar la frecuencia en la que vibramos, ya que, al relajarnos, accederemos a las onda cerebrales alfa, theta y delta en estado consciente y podremos percatarnos de nuestra realidad desde otra perspectiva, sintonizándonos con formas mucho más amables y nobles de ser, sentir, pensar y actuar.

Una vez que te habitúas a la meditación autónoma, cambiar de frecuencia es tan sencillo como hacer lo mismo con los canales de la televisión. Empezarás a ver y a entender tu vida de una manera diferente y armónica si así lo deseas, encontrando paz y serenidad, pues en estas frecuencias no existe lugar para las manifestaciones del ego.

Una de las grandes ventajas de la meditación autónoma es que puede practicarse en cualquier lugar en el que te sientas cómodo y seguro: en la tranquilidad de tu habitación, tu espacio más sagrado, o quizás hasta en tu oficina. No necesitas nada más que tu intención clara y un correcto proceso de respiración.

Otra gran ventaja es que, para liberar tus emociones más profundas, no tienes que decírselas a nadie; tú y solo tú conocerás qué ha sucedido en tu interior y en la intimidad de tu meditación, lo que te quitará un gran peso de encima, ya que podrás comprender y liberar de manera positiva todo aquello que te afectaba. Poco a poco se borrará de tus memorias emocionales y mentales, permitiéndote quedar libre de esa carga. Saldrás definitivamente del carrusel de repetición de tus procesos mentales y emocionales.

¡Esta es otra maravillosa ventaja! A partir de hoy podrás ser libre de las ataduras, mentales y emocionales que antes te condicionaban y, de seguro, te atormentaban en silencio, que como un monstruo invisible iban tomando control de tu vida, hasta llevarte a estados emocionales negativos.

Lo que de una manera muy clara se muestra en este libro son los pasos efectivos para realizar una meditación exitosa, para que comprendas cuáles son los factores que influyen en el proceso de meditación y para que puedas ir hacia tu interior de manera natural.

Interior: lugar donde se resuelve la vida.

Como en todo, la práctica hace al maestro. Al integrar la meditación autónoma en tu vida, con el tiempo podrás observar dentro de ti cómo cambia tu forma de ser, sentir, pensar y actuar, de manera gradual hacia formas más positivas, hasta lograr la transformación que tanto has anhelado en la vida.

Bien es cierto que este no es un objetivo sino un camino de vida que, a partir de hoy, puedes empezar a recorrer sin prisa, pero sin pausa, obteniendo beneficios inmediatos, después de cada momento de interiorización.

Sin embargo, también es un camino libre, sin restricciones ni condiciones de ningún tipo, el cual no te exige nada, ni siquiera que continúes haciéndolo; eso ya dependerá de ti, de lo que sientas y hacia dónde quieras dirigirte.

Al adentrarte en la meditación autónoma podrás darte el tiempo para que tus procesos emocionales vayan apareciendo, los puedas reconocer y, con la práctica de la meditación, puedas comprenderlos para después liberarlos; logrando la tan anhelada aceptación y el perdón a ti mismo.

Así como cuando deshojas una margarita o le quitas capas a una cebolla, así mismo irás retirando esos velos de emociones y pensamientos limitantes, que son un freno para que encuentres tu verdadera felicidad.

Ondas cerebrales

Con la meditación profunda podemos cambiar la estructura de nuestros pensamientos, ya que con la relajación se generan poco a poco nuevas ondas cerebrales que nos permiten relajarnos de maneras muy profundas y, con ello, liberar aquellos sentimientos y emociones estancados en nuestro interior, permitiendo la liberación y transformación de nuestra estructura de pensamientos.

La ondas alfa, theta y delta permiten que la tranquilidad, la paz, el bienestar y la felicidad lleguen a tu vida y se instalen de manera permanente. En la medida en que más practiques la meditación podrás constatar todos los beneficios que esta produce en tu vida.

Al sanar tus emociones y permanecer en estados óptimos y relajados, tus cuerpos físico, emocional, mental y espiritual se verán fortalecidos.

El cuerpo físico se beneficia mucho, ya que se fortalece el sistema inmunitario, lo que da pie a que no te enfermes o que elimines probables enfermedades.

El cuerpo emocional, al estar en constante liberación, te permite vivir y atender las diferentes circunstancias de la vida con mayor claridad, objetividad y proactividad, evitando que proyectes en los demás los problemas que ya has resuelto en tu interior.

El cuerpo mental tendrá procesos de pensamiento más equilibrados y creativos; alcanzarás un rendimiento mucho mayor al incrementar el enfoque, la concentración y la memoria.

Por último, *el cuerpo espiritual* también se fortalecerá y podrás profundizar cada vez más en tu esencia, logrando grandes acercamientos a la conexión interior con tu aspecto sagrado, aquel que eres en esencia.

Este tipo de frecuencia que se genera en nuestro cerebro de manera natural al meditar profundamente nos permite tener el control de nuestra vida de una forma clara, profunda y completa. Ello permite poco a poco que nuestra vida sea cada vez más plena, congruente y feliz; por ello han llamado a la meditación «el camino a la felicidad».

Una vez que se comprende esto podemos observar que la meditación no es un tema esotérico, como quizás se ha pensado, sino un proceso biológico que genera grandes cambios en el cuerpo gracias a la energía que entra en nuestro cerebro y cambia su estructura neuronal por las diferentes ondas que se generan en el estado meditativo; todo ello produce grandes beneficios en la salud, pues favorece el rendimiento corporal integral, obteniendo impresionantes resultados.

Con la meditación autónoma te harás cada día más consciente de tus emociones y pensamientos, así como de las situaciones que vives, y empezarás a tratar con ellos de una manera mucho más constante y natural, acostumbrándote a observarlos, atenderlos y, en consecuencia, sanarlos sin ocultarlos, como normalmente se hace, dándoles un tratamiento sano, al comprender su presencia en ti. Te llenarás cada día de mayor paz, libertad y expansión de tu corazón de una manera palpable. Transformarás tu vida definitivamente.

Todo lo que está en este libro son conocimientos respaldados por las experiencias que he vivido durante 20 años de transformación personal basada en la práctica de la meditación y la sanación constante, que me permite seguir mejorando en las diferentes áreas de mi vida, gracias a la meditación autónoma y al continuo trabajo interior.

Hoy resumo este conocimiento para ti, para que comprendas la importancia de la meditación autónoma, de ir hacia el interior, y de los grandes beneficios que traerá a tu vida si decides explorarla.

Te doy de nuevo gracias infinitas por estar aquí, por conectarte a esta frecuencia que a partir de hoy podrás transitar conmigo y con todos aquellos que creen en una verdad más elevada y se atreven a transformar su vida para su crecimiento personal y bienestar familiar. Cuando meditas, elevas tu vibración y la emites de manera natural a tu entorno, con lo que beneficias a todos los seres con los que tienes contacto.

Te bendigo desde lo más profundo de mi corazón deseando que tu vida sea en luz, paz y amor, en expansión constante e infinita.

Anhelo profundamente que esta sea una gran herramienta para ti y que te sirva para toda la vida.

Encuentra cualquier lugar para conectarte a tu interior.
Imagen tomada de Freepik.

Estudios sobre la meditación

En enero de 2020, la doctora Marta Puebla Guedea presentó ante la Facultad de Medicina de la Universidad de Zaragoza la tesis doctoral *Efecto de* mindfulness *sobre variables psicológicas y biológicas en meditadores de larga duración*, presentada y aprobada por el doctor Javier García Campayo, profesor asociado de la citada facultad.

Esta investigación se presenta como una prueba y referencia de la importancia y veracidad de la meditación en la vida psicológica y biológica del ser humano.

La meditación incrementa algunas habilidades cognitivas como la atención, la memoria y la concentración. Disminuye los síntomas de estrés y depresión; permite a las personas sentirse más serenas, provocando una sensación de mayor felicidad; nos permite vivir en el presente y evita que vivamos mentalmente en el pasado o en el futuro.

La meditación nos enseña a ignorar las distracciones
y a enfocar nuestra atención en lo que queremos.
Daniel Goleman

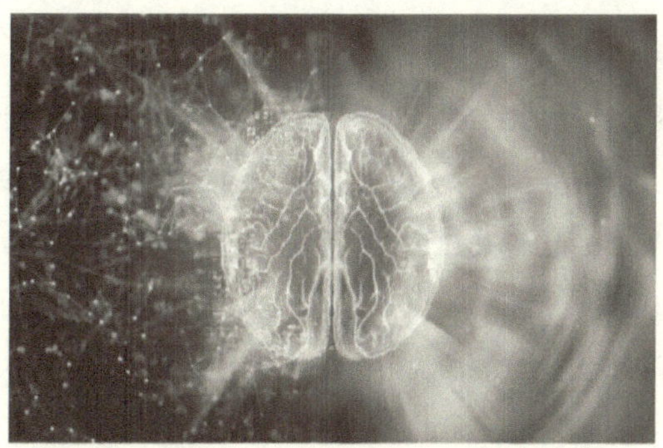

Efectos de la meditación en el cerebro.
Imagen tomada de Freepik.

En el cerebro se encuentra la llave para la felicidad. La meditación profunda cambia tanto la estructura como el funcionamiento del cerebro:

- Modifican los neurotransmisores.
- Se alcanzan y aumentan ondas alfa, theta y delta.
- Se produce menos glutamato, que es responsable de la excitación nerviosa.
- Aparece una mayor conectividad neuronal.

Cuando meditamos se pone en marcha una maquinaria muy sofisticada en nuestro cerebro, activando glándulas que reciben la energía del universo y la transforman en información vital para nuestro cuerpo, lo que genera sensaciones de tranquilidad y felicidad que nos hacen la vida más fácil y llevadera. Me refiero a la glándula pineal, pituitaria y el timo, que son denominadas como «el triángulo de poder» y las detallaremos más adelante.

Al entrar en estados de relajación profunda, se producen en nuestro cerebro cambios de intensidad en las ondas cerebrales. C. Maxwell Cade, psicofisiólogo y biofísico británico, descubrió en 1979 que nuestros comportamientos y capacidades, están directamente relacionadas con las ondas cerebrales que genera nuestro cerebro, ya que es un órgano electroquímico (Fastmind, 2020). El estudio de Maxwell determinó que el cerebro combina al mismo tiempo el radar intuitivo y empático, lo que conduce a la inspiración creativa, la perspicacia personal y la consciencia espiritual. Al combinar los diferentes tipos de ondas, alfa, theta y delta; puede darse la experiencia máxima o máximo rendimiento en un estado óptimo de conciencia (Neurofeedback, 2019).

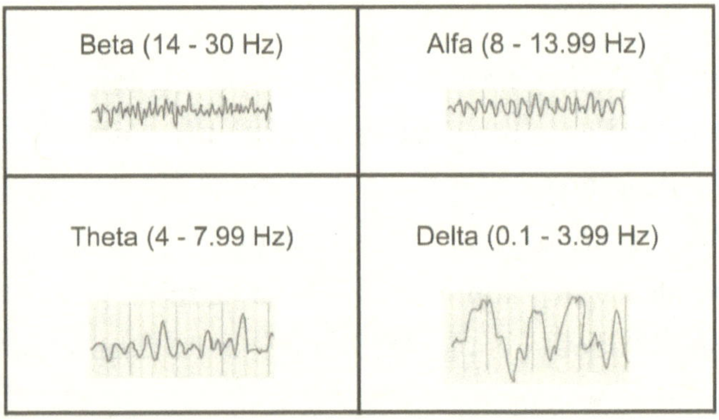

Beta (14 - 30 Hz)	Alfa (8 - 13.99 Hz)
Theta (4 - 7.99 Hz)	Delta (0.1 - 3.99 Hz)

Ondas cerebrales. Fuente: Neuro Feedback Barcelona. https://www.neurofeedback.cat/que-son-las-ondas-cerebrales/.

De momento, es importante comprender que en nuestro día a día funcionamos de manera casi automática en las llamadas ondas beta; en las cuales estamos la gran mayoría del tiempo por el intenso estrés al que estamos sometidos ante tantos estímulos de la vida diaria.

Estas ondas nos permiten estar alerta y mantener una atención ágil en todas las áreas. Esto no es malo, lo que nos afecta es no salir de este estado y mantenerlo por tiempos muy prolongados, y además incrementarlo a tal grado de no poder conciliar el sueño para descansar y recuperarnos.

Por otro lado, cuando meditamos de manera profunda, nuestro cerebro cambia a un estado de ondas alfa que van de los 8 a los 15 Hz. Estas nos permiten estar relajados y en completa serenidad, como cuando observamos la magnificencia del mar o en momentos de contemplación.

Cuando la meditación es más profunda aun, podemos acceder a las ondas theta, que van de 4 a 7 Hz y sacan a la luz una receptividad mucho mayor en nuestro cerebro. En este punto de interiorización es cuando nos llegan destellos de creatividad e inspiración y aparecen memorias olvidadas, quizás de esta u otras vidas.

Estas ondas ocurren en el límite del subconsciente y hacen posible sanar nuestras vidas a un nivel muy profundo al crear nuevas estructuras de pensamiento y, por ende, generar nuevos comportamientos y vivencias ante situaciones que causaban malestar emocional o físico.

Por su parte, las ondas delta, que también se liberan con la meditación profunda, estimulan los estados mentales de conexión al infinito y el sueño profundo. Las personas que han logrado estos estados hablan de experiencias místicas. Con estas ondas se observan condiciones de altruismo, amor y virtualidad. Al practicar la meditación autónoma de manera constante accedemos a una felicidad frecuente y eso impacta en nuestro cerebro, modificando la forma en la que respondemos a las cosas, manifestándose en nuestra vida nuevas formas de percibirla, sentirla y vivirla.

En un artículo de la revista *Scientific American* escrito por Matthieu Ricard, un monje budista y biólogo celular; Antoine Lutz, líder en el estudio de la neurobiología de la meditación; y Richard J. Davidson, pionero en el estudio de la ciencia de la meditación se confirmó, con base en sus estudios, que a través de esta práctica tenemos el poder de cambiar nuestra mente.

En otro estudio llevado a cabo durante quince años por la Universidad de Wisconsin y otras diecinueve universidades en más de cien monasterios budistas, se compararon cerebros de monjes que meditan a diario. Gracias a los escáneres usados se obtuvieron conclusiones muy interesantes:

- Meditar constantemente hace que los niveles de ansiedad y depresión bajen.
- Se activan zonas del cerebro asociadas a los sentimientos de empatía, bondad, compasión y amor incondicional.
- Se reduce la amígdala, la región del cerebro involucrada en el proceso del miedo, lo que produce estados de serenidad prolongada. (Asociación Valverdeña de la Enfermedad de Andrade, 2021).

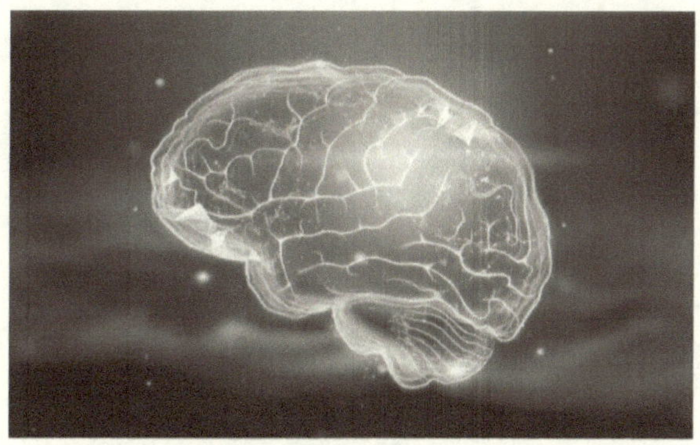

Efectos de la meditación en el cerebro.
Imagen tomada de Freepik.

Cuando practiques la meditación comprobarás cómo los cambios en tu cerebro generan respuestas óptimas a tus situaciones de vida.

Esta disciplina se centra en el arte de aprender a respirar de manera adecuada, dedicándole tiempo y constancia, a fin de que los procesos energéticos y biológicos puedan realizarse en nuestro cerebro y, a su vez, en nuestro cuerpo.

Cuando logras controlar tu respiración y permites que el oxígeno llegue a todas las partes de tu organismo, empieza el fascinante momento de transformar tus ondas cerebrales y cambiar tu frecuencia energética y emocional para dar paso al maravilloso arte de sanarte a ti mismo. Al entrar en proceso de meditación, toda la maquinaria energética de nuestro cuerpo empieza a funcionar para darnos la posibilidad de hacer contacto con aquellas emociones estancadas que aparecerán para ser observadas por nuestra mente consciente para ser comprendidas y liberadas de manera natural.

Una vez liberadas, se produce la tan ansiada sanación, al integrar las nuevas emociones positivas, aceptar lo que se puede cambiar y comprender aquello que no, reajustando nuestros pensamientos para dar paso a la aceptación que trae consigo paz y tranquilidad a nuestro sistema.

Meditación. Imagen tomada de Freepik.

> *Practiquen la meditación. Es algo fundamental.*
> *Una vez que se la disfruta, ya no se la puede*
> *abandonar, los beneficios son inmediatos.*
> Dalai Lama

Al meditar profundamente usamos el cerebro de una manera distinta. Por esa razón se produce la transformación en nuestra química cerebral y en la generación de las hormonas a las que el cerebro se hace adicto con mucha facilidad.

Además, se dan cambios en la actividad eléctrica de las neuronas y se generan nuevas sinapsis de información que transforman de manera efectiva las ondas del cerebro, permitiendo su funcionamiento de una manera óptima y benéfica para nuestro estado emocional, ya que la química cerebral que se produce en los estados meditativos genera hormonas como la dopamina y la serotonina, que producen sensaciones positivas de felicidad y bienestar.

Durante el sueño profundo predominan las ondas delta, que tienen la capacidad de reparar el cuerpo y la mente. Cuando el cerebro está en su punto más álgido de relajación profunda, prevalecen las ondas theta, en vigilia abundan las ondas alfa y en el estado de la mente racional predominan las beta, que nos permiten estar en alerta constante para resolver nuestras situaciones de la mejor manera.

Con la meditación autónoma se produce un incremento de las ondas alfa y theta, permitiendo un cerebro en calma aun en vigilia, es decir, consciente de tus pensamientos. En este estado puedes dar la solución a los conflictos de la vida, ya que te encuentras en un «modo observador» que permite que, desde la consciencia plena, puedas encontrar soluciones mucho más efectivas donde antes no las veías.

Recientemente, la ciencia ha descubierto el papel de las ondas cerebrales gamma para generar estados de mayor apertura de consciencia, accediendo de manera natural a la felicidad que se propaga por todas las neuronas de nuestro cerebro.

Se ha comprobado que entrar en meditación profunda nos ayuda a salir de los pensamientos cíclicos incesantes, aquellos que causan estrés, depresión y ansiedad, mismos que, si no los detenemos, pueden afectarnos hasta hacer que veamos la vida de forma alterada, lo que tiene graves consecuencias para la toma de decisiones.

Al calmar la mente y transformar estos pensamientos incesantes podemos entrar en un espacio mental en el que predomina la serenidad, la creatividad y la adquisición directa del conocimiento. Además, nos encontraremos en paz y lograremos esa clara sensación de que todo está bien en nuestra vida; cambiando por completo el contexto de nuestras interacciones.

Beneficios de la meditación

Ayuda a:

- Descansar y relajar nuestra mente.
- Tomar mayor consciencia personal.

Mejora:

- La calidad del sueño.
- La comunicación con uno mismo.
- La autoestima.
- La memoria.
- La estabilidad emocional.
- La salud.
- La toma de decisiones.

Permite:

- Vivir en tiempo presente.
- El autoconocimiento.

Aumenta:

- La concentración y el aprendizaje.
- La felicidad y la empatía.
- El sistema inmunitario.

Reduce:

- La presión sanguínea.
- El estrés y la impulsividad.

Otros beneficios:

- Relaja la tensión muscular.
- Contribuye a mejorar el estado anímico.
- Calma la ansiedad, la ira, la rabia y la depresión.
- Cambia la estructura del cerebro.

El cambio planetario

¿No has notado que nuestro mundo se ha acelerado de manera vertiginosa año a año y todo lo que antes se entendía como actividad «normal» cotidiana no existe más?

La vida como la conocíamos ha cambiado. Todo se ha transformado. Al principio no se percibía tanto, pero en los últimos años esta situación se ha vuelto innegable.

Ello se debe a que estamos inmersos en un profundo e intenso cambio planetario, en el cual la Tierra está elevando su frecuencia vibratoria, por lo que se hace indispensable que nosotros también cambiemos nuestra vibración y elevemos nuestra frecuencia.

De manera práctica, podemos comprender la evolución que hemos tenido tan solo en unas décadas, por mencionar algunos ejemplos, pasamos de:

- Lo análogo, a lo digital y ahora a lo virtual.
- De lo concreto a lo sutil.
- De la guerra exterior, a la paz interior
- De un trabajo forzado a la misión de vida.
- De la medicina alópata a la medicina alternativa y luego energética.
- De ver a los animales como objeto a darles su lugar como seres que también tienen derechos.
- De ser solo personas que habitan este mundo a comprendernos como seres multidimensionales.

Entonces, ¿qué significan todos estos cambios que estamos atravesando como humanidad?

Ello quiere decir que, a medida que la Tierra eleva su frecuencia vibratoria, las personas nos tenemos que adaptar a los diferentes cambios que esto provoca, por ejemplo, a una nueva forma de vivir: tecnológica, vertiginosa, llena de estrés, con falta de tiempo, de comida transgénica, con personas solitarias, infelices y deprimidas. ¿Consideras esto normal?

Todo esto ocurre gracias a que nos dejamos llevar por la corriente de tantos cambios y a veces solo podemos reaccionar inconscientemente, sin detenernos a reflexionar a dónde nos lleva tanta prisa o si eso es lo que de verdad queremos. Todo este estrés lleva a la desconexión de uno mismo, a actuar en piloto automático, perdiendo en muchas ocasiones el sentido de vivir y llevándonos a estados alterados de la vida —ansiedad, depresión, tristeza, frustración o estancamiento—, lo cual se ha vuelto algo muy común.

En lo energético también debemos adaptarnos a las nuevas formas, como seres multidimensionales cada día más integrados, con capacidades y habilidades más desarrolladas, con alcances muy poderosos y con mayor consciencia del ser en una sociedad revolucionada en todos los aspectos, pero no necesariamente despierta y abierta a los cambios.

Al integrar nuestras capacidades espirituales y habilidades cerebrales a la vida física (algo que no se había visto jamás) empezamos a desarrollarnos como este superhumano completo y lleno de fortalezas que antes desconocíamos.

Podemos comprender entonces que esta evolución y transformación de la humanidad nos permite emerger como ese «nuevo ser humano» que integra su parte mental y física, pero también emocional y espiritual; dando como resultado la integración de todo nuestro ser, manifestando cada vez mejores formas de existir y de vivir, más amables y empáticas para nosotros y para el entorno en el que nos desarrollamos.

En la medida que nos acostumbramos a una nueva forma de existir y a desarrollar la nueva vida que se gesta ante nuestros ojos, la meditación autónoma es la clave para que vayamos transitando por todos estos cambios sin tantos efectos que nos alteren.

Por supuesto, hay quienes no ven aún la necesidad de integrar todos los aspectos del ser y siguen funcionando en la vieja forma; esto genera el caos en el cual nos encontramos, el choque de frecuencias que irá tomando cauce a medida que seamos cada vez más personas conscientes y practicantes de la energía en consciencia, sumados a un nuevo estilo de vida armónico.

¿Significa entonces que las personas que no integren el aspecto emocional y espiritual en sus vidas tendrán mayores dificultades de adaptación a las nuevas frecuencias que aquellos que por voluntad atienden la integralidad de su ser y su evolución?

Es un hecho que el choque entre energías densas y frecuencias elevadas va a ser más y más evidente; produciendo eventos de alta conmoción más difíciles de sobrellevar. Por ello es importante entender el momento tan fundamental por el que estamos pasando, para actuar desde la consciencia, a favor de la vida y no en contra de ella.

Los habitantes de la Tierra hemos ido transformando nuestro funcionamiento desde la tercera dimensión (donde todo es mente) hasta la cuarta (donde se integran las emociones), para llegar posteriormente a la quinta dimensión, (donde las personas experimentan una espiritualidad consciente y voluntaria).

En este momento, estamos en el tránsito de cada una de estas dimensiones; cada uno escoge dónde estar y qué tipo de experiencias quiere vivir. Sin embargo, todos coexistimos al mismo tiempo en el mismo planeta, ¿se comprende la complejidad, pero sobre todo la necesidad de expandir y asentar la consciencia del nuevo ser humano? Se entiende que la transformación total de la humanidad se verá a plenitud quizás en cien años, cuando todo el proceso de ascensión planetario sea completado.

¿Pero qué es la quinta dimensión?

Esta no es un estado físico, sino de consciencia espiritual: es la integración real de nuestro cuerpo de luz en la vida diaria, donde las decisiones que tomamos para la cotidianidad están regidas tanto por nuestra consciencia terrenal, como por la esencia superior que somos. Al combinar ambas, nuestras respuestas y acciones, combinando nuestra sabiduría divina y nuestra humanidad, la vida toma connotaciones diferentes.

Esto nos permite acceder a mejores formas de ser, más amables, compasivas, integrativas, con mayor equilibrio y, sobre todo, con alto respeto por todos los seres del planeta y por la vida misma.

Poder llegar al verdadero respeto por la existencia es la tarea. Tener la consciencia espiritual integrada, como individuos y como sociedad, es el objetivo del nuevo ser humano en cada decisión que tomemos a la hora de experimentar la vida.

Estar conectados al bienestar propio y de nuestro entorno con acciones reales y conscientes, así como de cada especie que habite este planeta; es, como bien sabemos, mucha tarea pendiente, pero con esfuerzo y dedicación a uno mismo, al proceso personal de sanación y de ascensión de consciencia, en unión con el entorno, es posible de realizar.

Esto no es un sueño; es una realidad, y aunque aún no alcanza dimensiones tan visibles como quisiéramos; en definitiva, podemos observar el interés cada vez mayor de muchas personas que buscan conocer a profundidad la esencia de esta transformación humana, porque todos queremos sentirnos bien y vivir en paz.

Con la quinta dimensión ha llegado la comprensión de la expansión de la consciencia, gracias a la cual podemos observarnos como seres racionales, emocionales, mentales y espirituales; es decir, seres integrados por completo. Ello nos permite el acceso a la plenitud de la vida, a conocer todas las maravillas de las que somos capaces de hacer, con toda nuestra potencialidad despierta y al servicio de los demás.

Lo anterior también facilita la comprensión de que todo aquello que hagas a los demás será algo que te harás a ti mismo. Por ello, evitar dañar a otros es la premisa fundamental de la nueva existencia. Respeto.

Esta nueva consciencia permite reconsiderar cómo hemos de vivir la vida. La respuesta es orientándonos hacia formas más positivas de ser y de interactuar con los demás. Desde una vida emocional sana y equilibrada, esto es posible partiendo de una bondad despierta, integrando a nuestra vida valores como la compasión y el amor incondicional por cada ser vivo del planeta.

Podemos comprender que nuestro papel es fundamental en estos momentos, y estas generaciones son la base de la transformación de la humanidad. Estos cambios quizás los vivan a plenitud nuestros hijos o nietos; ellos, de una manera u otra, se beneficiarán de la evolución que consciente y voluntariamente realicemos ahora.

Por esto, muchas personas se encuentran cada vez más y más irritables, tristes, deprimidas e inestables, porque no comprenden a ciencia cierta qué está sucediendo. El tiempo no alcanza, las cosas se perciben como más complejas sin saber qué pasa ni por qué ha cambiado tanto la vida. Esto genera mucha confusión, estrés, ansiedad y profundas depresiones, pues muchos no encuentran una salida. Y otros toman la salida falsa, el suicidio.

Asimismo, existen energías contrarias a la vida que quieren evitar a toda costa la evolución del ser humano. Por ello es tan necesario el despertar espiritual, saber discernir y diferenciar aquello que es benéfico para nuestra vida de lo que no lo es, evitando así ser timados y distraídos de nuestro objetivo crecimiento interior y evolución en ascensión.

La confusión que existe a nivel mundial, la incertidumbre sobre qué será de la humanidad, la entrada de potentes energías ascensionales y nuestra desconexión espiritual son las que nos hacen sentir los efectos de estas energías en nuestros cuerpos, creando una inexplicable incomodidad, desesperación y ansiedad, en la cual todos estamos inmersos.

A esto se referían los mayas cuando decían que el mundo se iba a terminar; no sería propiamente de forma física, sino que se terminaría de una forma para dar paso a otra forma de pensar, sentir y existir.

Si a esto le sumamos el cúmulo de emociones que traemos sin atender de forma individual, pero también desde el aspecto transgeneracional, comprenderemos por qué cada vez que entran intensas oleadas de energía al planeta nos sentimos tan incómodos e incapaces de manejar nuestras emociones y todas aquellas sensaciones que nos envuelven. Esto ocurre debido a que dichas energías remueven todo lo negativo y tóxico de nuestro interior; necesitamos liberarlas para estar más ligeros de equipaje en esta transición planetaria.

Aquí es donde nos encontramos, atravesando este proceso de transformación humana, en el que la meditación autónoma se vuelve una herramienta indispensable para poder elevar nuestra frecuencia vibratoria con la Tierra y que el proceso sea lo menos intenso y caótico posible. Aun así, tendremos que atravesarlo.

Eso no significa que no vamos a sentir la magnitud del cambio, sino que con la meditación profunda, tendremos la posibilidad de encontrar equilibrio y balance en nuestra vida, así como fortaleza y resiliencia, para adaptarnos con mayor facilidad a las diversas pruebas de vida a las que nos enfrentemos.

Como ejemplo de esta transformación planetaria, en las últimas décadas hemos tenido cambios muy importantes en la resonancia Schumann, los cuales están directamente relacionados con la aceleración del tiempo; esto explica por qué percibimos que el día cada vez dura menos horas y que se sienta que el tiempo se esfumara entre nuestras manos, además de las intensas energías que percibimos constantemente.

Desde la década de 1980 hasta la fecha, se ha visto un incremento constante en esta frecuencia de energía planetaria, pasando de 7,5 a 15 Hz. En junio de 2014 la resonancia Schumann se consideró anómala, al comprobar que había subido del nivel 15 al 25, en 2017 saltó a más de 30 Hz (Villeda, 2021).

Para ejemplificar estos cambios de aceleración de la energía, solo recuerda cómo a veces, y sin que nada te lo haya provocado, en los últimos años has entrado en momentos de estrés elevado, de tristeza profunda o de altos estados de cólera. Es que, al incrementar las frecuencias de vibración, lo que antes permanecía quieto y muy bien guardado dentro de nosotros, de alguna manera se revuelve, se siente, se percibe y ya no puede esconderse más, saliendo de cualquier forma, casi siempre negativa.

Al ingresar, las nuevas ondas de energía chocan con nuestra vibración estancada, y al ser esta más baja hace que tengamos altos grados de incomodidad energética y emocional, lo que altera la estabilidad mental. Esto se debe a que la Tierra está elevando su frecuencia y nosotros quizás no hemos hecho la tarea de liberación interior, para poder hacerlo también, sin tantas consecuencias negativas.

Al intensificarse estas frecuencias se generan alteraciones en el bienestar de las personas, sin que estas sepan a ciencia cierta qué les provoca ansiedad, tristeza, irritabilidad, estrés, insomnio, angustia y, en ocasiones, excesivo cansancio. ¿Has sentido algo parecido?

Ese choque energético nos produce incómodos estados emocionales que no se pueden comprender con claridad a menos que tengamos un proceso de interiorización, de sanación emocional, de meditación profunda o de contemplación que deje fluir la interrogante sobre qué sucede dentro de nosotros y así podamos encontrar la causa de nuestro malestar. Aprendiendo el arte de la autoobservación y la consecuente aceptación de nuestra vida, dando paso a una toma de consciencia, para una transformación profunda y real, que nos lleve a mejores estados de ser y estar.

Si hacemos consciencia sobre esto, procurando aumentar la frecuencia vibratoria a través de la meditación autónoma, liberando las emociones estancadas en nuestro interior; podremos ayudar a nuestro cuerpo y sistema energético, adaptándonos mejor a estas nuevas y constantes entradas de energía.

Meditar nos ayuda a elevar nuestro sistema inmunitario, lo que le provoca al cuerpo mayor adaptabilidad a estos intensos cambios de energía. Ya que estamos depurando el alma, con todas las emociones estancadas por siglos, es lógico que, en ocasiones, el cuerpo presente «crisis curativas», como dolores de cabeza, mucho sueño, dolores de estómago, náuseas y ganas de estar con nosotros mismos, para poder reconocernos e integrar «lo nuevo» y ser cada vez más conscientes de quienes somos, de quién es el que emerge dentro de nosotros, después de estos procesos de poderosa transformación.

Es importante aprender a darnos cuenta de lo que sucede dentro de nosotros y transformar las energías estancadas en nuestra vida; aquellas de las cuales no somos conscientes, que pueden ser nuestras o de nuestros ancestros, pero a las que podemos acceder al meditar, liberándolas de manera natural mediante el proceso de interiorización para que ya no nos afecten en nuestra vida.

Debemos comprender que somos parte de un cosmos que está vivo y que tiene procesos de cambio; así como nosotros, el planeta y el universo también los tienen. Recordemos que lo único constante en la vida es el cambio, solo que a veces se nos olvida al estar sumergidos en la mundana cotidianidad. La meditación autónoma nos ayuda a estar más aptos para vivir cada nuevo cambio, cada nueva transformación, ya que después de cada una de estas etapas transitorias, la vida se vuelve más suave, ligera y amable. Transformando tu mundo e impactando en cada una de las personas a tu alrededor.

Asimismo, debemos observar que estamos inmersos en este proceso gigantesco a nivel cósmico planetario y nadie se salva de sus efectos.

Además de los impactos que ocasiona en el ser humano y en todo ser viviente, el planeta también está sufriendo graves consecuencias climáticas e incluso geológicas. Por ello, podemos comprender que todos estamos inmersos en este profundo proceso de transformación planetario que está modificando a la humanidad entera y su forma de ser, pensar, vivir y enfrentar la vida; sin tener claridad de hacia dónde vamos.

Transformación planetaria. Imagen tomada de Freepik.

Por tal motivo, es tan importante que sumemos fuerzas hacia una mayor comprensión y liberación de nosotros mismos, logrando mejores formas de ser en lo individual para que, de esta manera, se vea reflejado en el colectivo lo más pronto posible.

Estamos evolucionando como especie para que podamos tomar las mejores decisiones en nuestra vida. Lo ideal sería que estuviéramos conscientes del proceso que vivimos y de la gran transformación que como humanidad estamos atravesando.

Sin embargo, según los expertos este cambio continúa e irá en escalada por varias décadas más, y es importante que aprendamos a alinearnos con las más altas frecuencias de vibración para que este proceso sea lo más fácil y llevadero posible, tanto para nosotros como para Gaia.

Es importante reflexionar y comprender que somos parte de un todo cósmico y planetario, que lo que hacemos irremediablemente le afectará a otro ser, de este o de otro planeta; por lo que es indispensable empezar a pensar en la evolución y en el desarrollo propio para afectarnos lo menos posible los unos a los a otros.

Esta es una de las principales razones para buscar herramientas que nos ayuden a entendernos cada día más, para sanar liberando nuestros miedos, frustraciones, cargas y situaciones sin resolver, que, en la gran mayoría de los casos, venimos cargando desde la infancia, por generaciones enteras o desde otras vidas.

Se entiende entonces que este es un momento de purga planetaria en el cual están aflorando las emociones estancadas que, por generaciones, no fueron resueltas, y nos toca a nosotros afrontar tal liberación. Por ello estamos aquí encarnados, haciendo este proceso de sanación y de liberación energética, tomando cada día mayor consciencia, ya que la clave para la nueva vida en la quinta dimensión es el amor incondicional.

El momento de ponernos atención es ahora. Es tiempo de voltear a ver nuestro interior y sentir cuáles partes de nosotros gritan auxilio, de ser humanos libres de cargas y emociones para redescubrir nuestra verdadera esencia y poder compartirnos desde una coherente forma de ser y existir.

Solo así podremos liberar tantas cargas y alinearnos de forma consciente al proceso planetario y atravesar los cambios sin tanta resistencia y dolor, soltando todo aquello que ya no nos sirve y que está rancio dentro de nosotros. Esto se vuelve más llevadero al comprender que nunca más seremos los mismos, tanto individual como colectivamente.

Debemos comprender que, en la medida que nos alineemos a esta transformación, nuestra vida se verá recompensada con mejores formas de ser y de existir; dando paso al nuevo superhumano. El cambio colectivo inicia con el cambio individual; cada uno debe realizar su liberación interior; nadie lo hará por nosotros.

Por todo esto, la interiorización y la meditación autónoma son herramientas indispensables para atravesar esta gran transformación planetaria de la mejor manera posible.

En el mundo todas las personas deberían conocer el proceso para acceder a su interior y empezar a gestionar sus emociones a fin de obtener claridad mental, autoconocimiento personal, autogestión, autosanación emocional y, sobre todo, la dirección de su vida, de su yo más elevado, permitiendo vivir esta existencia humana desde la sabiduría del ser superior.

Entendiendo esto como una relación a cultivar contigo mismo, obteniendo los beneficios más grandes de este proceso de transformación tanto individual como para toda la humanidad, ¿comprendes ahora la responsabilidad y el gran trabajo que tenemos por delante como humanidad?

Asimismo, con la meditación autónoma podemos sincronizar de manera consciente cuerpo, mente y espíritu para crear la tan necesaria coherencia y congruencia en la vida y permitir que nuestros pensamientos, sentimientos y actos se alineen en una sola dirección, consiguiendo una vida lógica y más integrada a nuestro verdadero sentir y propósito de encarnación.

Por todo lo dicho, la interiorización, la relajación y la meditación profunda han ido ganando más terreno en la vida diaria, pues miles de personas han constatado sus beneficios; sin embargo, hay mucho camino por recorrer aún: si la meditación fuera practicada por un mayor porcentaje de la población mundial, la vida se transformaría de manera positiva en un lapso muy corto de tiempo, dado que en las ondas alfa, theta y delta no hay lugar para el ser negativo.

A partir de hoy tienes en las manos una maravillosa herramienta que te permitirá conocer todo lo relacionado con la meditación autónoma, para que puedas mitigar cada vez más los efectos adversos de vivir alejados del conocimiento interior y de este maravilloso momento de transformación planetaria del cual nadie puede abstenerse.

Abrirse al mundo de la meditación profunda es comprender que hay energías que no puedes ver, pero existen; en la medida en que las procuras y aceptas integrarlas en tu día a día te traerán grandes beneficios, transformando tu vida de ordinaria a extraordinaria.

Si trabajas tu energía de manera consciente mejorarás en todos los aspectos y, de paso, impregnarás de nuevas energías a tu entorno familiar, laboral y social; promoviendo de manera silenciosa pero real una nueva forma de ser humano.

Antes de seguir avanzando, hay que definir qué es la energía.

Esta es el elemento estructural básico del universo, entendiendo al átomo con sus electrones y protones, que son los que proveen de cargas positiva y negativa.

La energía tiene dos propiedades fundamentales:

- Ni se crea ni se destruye, se transforma.
- Está en continuo estado vibratorio y se propaga en ondas electromagnéticas con amplitud y altura variables.

Ello significa que la energía se puede presentar de dos formas: en onda y como partícula o materia. En palabras de Nikola Tesla: «Si quieres encontrar los secretos del universo, piensa en términos de energía, frecuencia y vibración»

Cuando te conectas con tu ser interior a través de la meditación profunda contactas con la parte de Dios que habita en ti; ese es el lugar más especial al que llegarás cuando medites. Ahí encontrarás seguridad, confianza, luz, amor, verdad, sabiduría, bienestar, tranquilidad, paz, fuerza interior, hermandad y dirección. Hallarás todo aquello que tu alma necesite en cada momento, pues estarás conectado a la fuente de tu ser. Lograrás sanar y transformar tu vida desde ese espacio de perfección y armonía dentro de ti, expandiendo tu corazón y la luz que hay en él.

¡Hay un universo de posibilidades en tu interior por explorar! Solo tienes que atreverte, creer en ti y experimentarlo.

Te invito a que lo intentes, a que te atrevas a cerrar los ojos y respirar profundamente varias veces, poniendo atención solo en tu respiración; dejando pasar tus pensamientos uno a uno, hasta que sientas que algo en tu interior cambia y te lleva hacia un estado de tranquilidad y serenidad cada vez mayor en el que empezarás a percibir y sentir este nuevo y maravilloso mundo interior.

Permanece quieto, tranquilo y relajado, no hay nada que temer. Solo observa los pensamientos y sentimientos que fluyen en el proceso. Observa tu cuerpo, tus pensamientos y tus emociones; empieza a conocerte a partir de hoy cada vez más.

Después de cada momento de meditación profunda te sentirás diferente, feliz y lleno de energía, con la mente clara y los pensamientos ordenados. El estrés se habrá disipado y tu tranquilidad habrá aumentado de manera significativa.

Te recomiendo tener una libreta para que anotes el resultado de cada meditación. Te aseguro que las experiencias que tengas te sorprenderán gratamente y guiarán tu vida de una manera increíble.

Cada vez que vayas a tu interior tu cuerpo se fortalecerá y regenerará hermosamente, habrás fortalecido tu sistema inmunitario y tendrás muchísima más creatividad para resolver tu vida, así como la serenidad y la paciencia necesarios para enfrentar los retos del día a día. Además, tendrás a todos tus guías y seres de luz asistiéndote en cada proceso de sanación. Estos son algunos beneficios que obtendrás si aprendes a meditar de forma autónoma.

Ser autónomo en tu meditación es tan sencillo como respirar y dejarte fluir adecuadamente. ¡Inténtalo! Imagen tomada de Freepik.

Recomendaciones básicas

Para meditar de forma adecuada es importante disponer de un espacio que te agrade, en el que te sientas cómodo y que esté libre de distracciones y en silencio, para poder desconectarte del mundo exterior y adentrarte en tu propio universo de una manera segura y relajada.

Te sugiero que te hagas de un lugarcito al que bautices como «tu lugar especial de meditación» para cuando quieras estar solo contigo, reconfortándote en la paz de tu silencio y al cual puedas acudir en cualquier momento. Se convertirá en tu mayor refugio.

La ropa que utilices debe ser cómoda, la más viejita será la ideal, ya que nada debe incomodarte; quizá te quedes profundizando en tu interior cada vez más tiempo y tu circulación sanguínea agradecerá que nada te apriete.

La hidratación también es muy importante para que tus células, órganos, neuronas y neurotransmisores hagan su función correctamente a la hora de meditar. Recuerda que somos seres eléctricos y que el agua es un excelente transmisor de la energía, por ello, ayudar a nuestro cuerpo bebiendo agua natural antes del proceso de interiorización nos vendrá muy bien.

Una buena postura es fundamental, ya que nos permitirá permanecer largo tiempo en estado meditativo. Al principio hay que acostumbrarnos a estar sentados con la espalda recta, pero no rígida. Puedes tener las piernas cruzadas en flor de loto o sentarte en una silla con las plantas de los pies en el piso. Cuida que tu columna no se encorve y que te encuentres sentado sobre los huesitos de tu cadera, los isquiones. Ello permitirá que estés cómodo y sin cansarte. Los hombros también deben estar relajados.

Debes inclinar un poco el mentón para que tus cervicales no se tensen y puedas tener una buena práctica. La mandíbula también debe estar relajada. De ser posible, lleva la punta de tu lengua al paladar.

No te recomiendo que te acuestes al principio de tus prácticas, pues corres el riesgo de dormirte al relajarte.

Los mudras son las posiciones de las manos que, en las culturas orientales y budista, tienen varias formas y significados, y generan diferentes efectos a la hora de meditar. Te invito a que los busques y adaptes el que prefieras, aunque no son indispensables.

Una de las mejores y más sencillas posturas es colocar las manos una sobre la otra en tu regazo y descansar los brazos en tus piernas; de este modo, cerrarás tu círculo de energía. Esto también se consigue con los mudras al juntar las puntas de los dedos índice y pulgar.

Los aromas de velas e inciensos y la música suave son excelentes apoyos para la meditación autónoma; ya que nos ayudan a relajarnos y permiten lograr un ambiente que nos conecta con nuestro interior de una manera más cómoda; así le decimos al cerebro que estamos listos para entrar en la profundidad de nosotros mismos.

Sin embargo, en la sociedad la meditación apenas empieza a permear, por lo que es indispensable contar con pequeños apoyos que nos ayuden a encontrarnos con esos momentos de profundidad para poder conocernos y sanarnos.

¿Te das cuenta de que si aprendemos a liberar y a sanar por nosotros mismos hasta los terapeutas podrían ser innecesarios?

Es importante tener una hora adecuada para meditar, de preferencia por la mañana o la tarde; si lo haces de noche corres el riesgo de estar cansado.

Es importante escoger un horario fijo para realizar la meditación autónoma, así nuestro cerebro se irá acostumbrando poco a poco y el hábito de meditar se afianzará en nosotros.

En realidad, esta práctica necesita muy poco, pues se logra tan solo respirando de manera lenta y pausada para adentrarnos de forma natural en nuestro interior. La meditación profunda es parte de ser humano. No integrarla en nosotros es como estar incompletos, sin esa guía que nos permite conocernos cada día más.

La meditación es al alma lo que la hidratación es al cuerpo: no podemos vivir sin ella.

En culturas orientales, la meditación se practica desde hace miles de años, incluso aprenden a meditar desde muy chicos, ya que es obligatoria en las escuelas. En ellos, la integración física y espiritual es esencial para completar un significado real de la existencia.

En occidente ya empieza a utilizarse la meditación en algunas escuelas de Estados Unidos para ayudar a los niños a liberar la frustración y la ansiedad, de las cuales antes no sabían defenderse, y también mejorar la concentración y la conducta.

Al practicar la meditación desde la niñez, es posible conseguir una cantidad considerable de beneficios:

- Mejora su aprendizaje, la atención, la creatividad y el rendimiento académico.
- Pueden concentrarse mejor.
- Aprenden las diferentes emociones y cómo afrontarlas cuando se sienten enfadados, angustiados o frustrados.

- Aprenden a conocer su cuerpo y desarrollar su vida interior de una manera profunda. Ven más clara y objetivamente lo que sucede en su interior, en el exterior, en los demás y en su entorno.
- Desarrollan el espíritu de la empatía con los demás y la amabilidad hacia sí mismos y hacia los otros compañeros.
- Desarrollan habilidades sociales que les servirán a enfrentarse a múltiples situaciones cuando sean adultos. (Trucos de Mamás, s.f.).

Ojalá que en nuestro hemisferio podamos lograr estados de integración gracias a esta maravillosa práctica y que enseñemos a nuestros hijos, la forma de relajarse y encontrar en ellos mismos un bienestar sin depender de nada externo, integrando y equilibrando, tanto la vida material como la espiritual.

Pasos para entrar en tu mundo interior

A fin de tener un adecuado momento de profundización en nuestro interior, debemos comprender ciertos factores.

Un óptimo estado físico es muy importante, pues si estamos cansados, enojados o con sueño nos costará mucho más tiempo y esfuerzo lograr una meditación profunda adecuada; quizás nos relajaremos, pero no alcanzaremos a entrar en meditación. Por ello, es necesario que nuestro cuerpo se encuentre lo más tranquilo, descansado e hidratado posible.

Invocación

Debemos entender que este es un momento de conexión con la parte más profunda de nosotros y con Dios mismo. Es recomendable orientar nuestra intención hacia lo sagrado, pidiendo conexión con la luz, con la fuente de todo amor, para que esas energías que pidamos sean las mismas a las que encaminemos nuestra práctica.

Protección

Es recomendable pedir la asistencia de nuestros seres de luz, guías, maestros y ancestros para que nos asistan de manera etérea en este sagrado momento de conexión. Esto es muy importante, ya que accederemos al mundo de las energías, al cual apenas nos estamos habituando y donde otras frecuencias, que también son energía, pueden existir. Tener un halo de protección siempre nos reconfortará y cuidará en nuestro proceso meditativo.

Agradecimiento

La humildad en nuestra petición es indispensable. Comprender que somos pequeñas chispas de luz ante un inmenso y vasto universo es determinante, por lo que agradecer por anticipado por este momento nos permite dominar al Ego y nos acerca más a encontrar las verdades que buscamos en nuestro interior. Una correcta actitud ante este momento de encuentro con nosotros nos acercará día a día a la gracia de Dios.

Respiración

La correcta inhalación y exhalación nos ayuda a entrar poco a poco en nuestro sagrado templo interior, conectándonos con nuestra parte más profunda.

Encuentra el ritmo en tu respiración, inhalando y exhalando profundamente por la nariz, lo más despacio posible, llevando el aire hacia tu vientre, activando y energizando cada uno de tus centros de energía o chakras.

Haz una pausa de 4 a 5 segundos entre cada respiración y repite el proceso de manera natural todo el tiempo que medites; poco a poco entrarás en la profundidad de tu Ser Interior.

Atención

Mantener la atención en la respiración es de vital importancia para entrar a nuestro sagrado mundo interior. De manera natural, la mente querrá distraerse con cualquier cosa que le sea más atractiva; sin embargo, este será el primer reto para vencer: dominarla y no dejarla tener el control al menos por este breve lapso.

Cuando la mente se distraiga y notes que tu atención ya no se encuentra en tu respiración, tráela de manera suave y tranquila, una y otra vez. Con la práctica, empezarás a tener el control de tus meditaciones y de tu atención, concentrándote más en el aquí y el ahora. Poco a poco te acostumbrarás a estar en el momento presente y, de manera natural, trasladarás esto a tu vida cotidiana, obteniendo la tan anhelada tranquilidad de vivir aquí y ahora.

Inhala y exhala con lentitud, haciendo una pausa entre cada respiración, permitiendo que tu exhalación sea lo más larga posible, como si tuvieras el mar dentro de ti y lo liberaras suavemente, sintiendo una relajación cada vez mayor; al oxigenar todas las células de tu cuerpo irás entrando en un estado de calma completa en todo tu ser.

Permite el silencio en tu vida

En este mundo en que el ruido se ha adueñado de nuestras existencias, pensar en explorar el silencio en nuestra rutina diaria en medio de una agitada ciudad pudiera parecer algo muy difícil de lograr. Por ello, integrar momentos de silencio y quietud para estar con nosotros mismos, ordenando sentimientos y pensamientos; toma mayor relevancia.

Permite que el silencio llegue a tu vida, dale un espacio en tu agenda; puedes empezar con pocos minutos al día y después ir aumentando. Silenciar los aparatos electrónicos o apagarlos es una necesidad para poder encontrar esa paz que tanto anhelamos, pero que no sabemos dónde empezar a buscarla.

El primer paso es apagar todo lo que nos quite la paz y serenidad, aquello que genere adicción y distracción. Esto implica personas, ambientes, situaciones y relaciones, entre otros.

Cuando entras en silencio profundo te percatas de tus pensamientos y sentimientos más escondidos, y también empiezas a notar ciertas sensaciones, intuiciones o ideas que, de forma muy sutil, te guiarán de manera natural para que llegues a las posibles soluciones en tu vida.

Al estar en paz y tranquilidad podrás escuchar una pequeña voz o sensación de verdad que nace de tu corazón, de lo más profundo de ti; esa es la voz de tu interior, la voz de tu alma, la voz de tu ser superior, con quien a partir de ahora podrás empezar a construir una maravillosa relación de complicidad y amor profundo.

Sabrás que puedes confiar plenamente en esa pequeña vocecita o sensación llamada intuición que proviene de tu centro más sagrado, la cual te genera las ideas o pensamientos que ocurren durante la meditación profunda.

Déjate guiar por tu ser superior a través de tu intuición, permite que él sea quien te dé las pistas de cómo actuar en cada momento de tu vida. Esto generará paz y certeza en tu interior y llevará a que seas fiel a ti mismo, una de las mayores virtudes del ser humano.

Apagando cada vez más la mente parlanchina con la meditación podrás sentir y escuchar esa maravillosa voz que nunca se equivoca, y aunque te parezcan extrañas sus sugerencias, con el tiempo confirmarás que aquello que te indicaba era lo mejor.

Por el contrario, cuando hay mucho ruido interno y externo, esa sutil voz llega a ser imperceptible y nos perdemos de la amorosa guía de nuestro ser superior. Allí radica la gran importancia del silencio.

Salir a dar paseos en solitario es una de las mejores formas de estar con uno mismo, ya que así también entramos en meditación. A esto se lo denomina meditación activa, y permite que fluyan pensamientos de creatividad que nos ayudan a resolver y a ordenar nuestra vida.

También puedes activar el silencio consciente en la introspección, la contemplación y en actividades creativas y artísticas. Ello genera endorfinas en nuestro cerebro, lo que nos hace sentir en paz para encontrar esa conexión con nuestro interior, ayudándonos a solucionar nuestros retos de vida.

Observa con todos tus sentidos el maravilloso planeta que tenemos y percibe cómo puedes comunicarte en silencio con lo más grandioso de la creación; conectándote desde lo más profundo de ti mismo, con todos los seres vivos que te rodean, plantas, animales, personas, árboles, lagos, montañas, bosques, selvas, etc. Con la profunda introspección y cada vez mayor sensibilización de tu ser, podrás sentir las necesidades de aquellos seres que te rodean y podrás comunicarte con ellos, desde la intuición guiado por tu corazón.

Respiración adecuada para entrar en meditación

Cuando te dispongas a entrar en meditación autónoma, esta es la manera idónea de respirar cuando quieres iniciar tu proceso de interiorización. Repite esta secuencia de respiración alrededor de unas 10 a 15 veces para que observes los cambios que ocurren en tu cuerpo y en tu mente.

1. Inhala lentamente de 6 a 8 segundos.
2. Retén el aire por 6 a 8 segundos.
3. Exhala con lentitud por unos 8 a 12 segundos.

Respira de esta manera cuando inicies tu relajación para meditar y poco a poco bajarás la intensidad de tu ritmo cardiaco y a la vez de tu mente, para entrar a la paz de tu interior. La clave es la pausa; ella te llevará al universo infinito de tu sabiduría del alma.

Inhalar y exhalar. Imagen tomada de Freepik.

La forma en que respiramos conecta nuestros estados emocionales y mentales, por lo que es de vital importancia tener una respiración correcta y consciente. Ello puede ayudar en muchos momentos de nuestra vida, ya que, cuando las emociones aparecen, en muchas ocasiones la respiración se inhibe, bloquea, acelera o entrecorta. Con cada estado emocional tenemos un tipo de respiración diferente. La respiración nos ayuda a equilibrar nuestras emociones y los ritmos vitales del cuerpo.

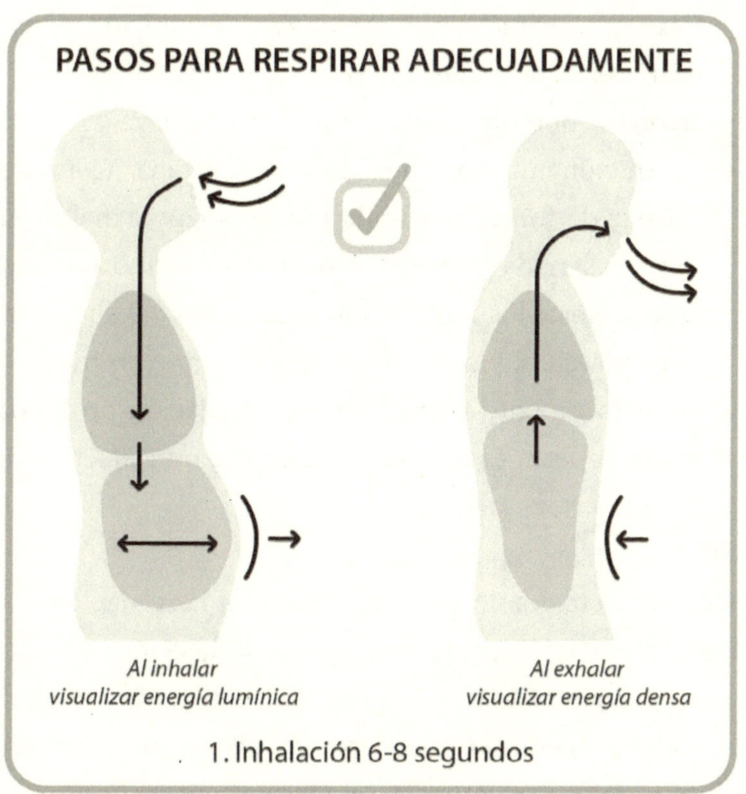

Tipos de respiración

- **Superficial:** respiración corta por la nariz. Es inconsciente y apenas alcanza para mantenernos vivos. Por lo general respiramos de esta manera cuando tenemos altos grados de estrés o ansiedad.

- **Profunda:** respiración larga por la nariz. Es consciente y nos permite relajarnos y oxigenar nuestro cerebro y cuerpo de manera adecuada y cargarnos de energía. Inhalar y exhalar con un sonido como el de las olas del mar nos trae al momento presente, al aquí y al ahora, ni antes ni después. Esto nos ayuda a estar en consciencia de nuestro cuerpo, mente, emociones y, si es posible, de nuestra conexión espiritual. A través de esta respiración podemos entrar en estados de contemplación interior.
- **Inversa:** potente respiración que nos lleva a una concentración muy efectiva de forma rápida. Consiste en inhalar de forma profunda por la boca y exhalar por la nariz. Llamada también «taoísta», este tipo de respiración invierte los movimientos naturales del abdomen en la respiración, y nos lleva de manera mucho más rápida y efectiva a entrar en estados de relajación profunda, lo cual nos permite acceder a estados de muy efectiva conexión interior.

Una correcta respiración es la puerta a la relajación y, después, a la meditación profunda; cuando lo hacemos de manera adecuada y dejamos entrar oxígeno al cuerpo, sobre todo al cerebro; todas las células de nuestro organismo son maravillosamente nutridas con la esencia del éter, permitiendo el acceso a nuestro mundo interior.

Al éter se le conoce como ese fluido invisible, sin peso y elástico que llena todo el espacio y constituye el medio transmisor de todas las manifestaciones de energía; también se le conoce como el quinto elemento, la esencia que hace posible la vida en todo el universo.

Cuando respiras profunda y correctamente, tu cuerpo lo disfruta tanto que, por instinto, cierras los ojos para disfrutar ese maravilloso momento. Al respirar bien, llevas oxígeno a nuestro cerebro y la relajación empieza a tener lugar de inmediato; ya que los neurotransmisores hacen su correcta función diciéndole al organismo que pare, se relaje y se suelte a fin de disfrutar de este maravilloso momento de tranquilidad y relajación.

Nuestro cuerpo es una extraordinaria y muy sofisticada máquina capaz de curarse a sí misma siempre que le demos los elementos básicos para su funcionamiento: aire, agua, sol, descanso y meditación.

Lo mágico de aprender a respirar es que lo puedes integrar a tu vida desde hoy, pues oxigenar tu cerebro te permitirá estar relajado y podrás ver las cosas de diferente manera que cuando estás estresado.

En definitiva, estar relajado puede salvarte la vida, al alejarte de muchas situaciones riesgosas por tomar decisiones en el estrés de la prisa; pues te ayuda a entrar en calma y serenidad, estados que perdemos con el ritmo de vida tan acelerado en el que estamos inmersos casi siempre y que encima de todo, los entendemos como «normales» en nuestra sociedad caótica.

Al padecer estrés, la respiración se corta y deja de ingresar oxígeno a nuestro cerebro, produciéndose la respiración superficial. Esto genera alteración y ansiedad a todo nuestro sistema y, en grados crónicos, puede llevar a ataques de pánico y depresiones profundas.

La respiración lenta y profunda será la varita mágica que abra la puerta a la serenidad y la calma; ambas te permitirán encontrar formas más amables de vivir y de coexistir contigo y con los demás, además de ingresar en tu mundo interior paulatinamente, conectándote de manera clara y profunda con la totalidad de tu cuerpo, el cosmos y la existencia misma.

Si te permites estar cada vez en mayor calma y serenidad podrás percibir todo aquello que estés listo para descubrir de tu propio mundo interior. Poco a poco captarás diferentes formas sentir la vida, abriéndote a un mundo de sensaciones y manifestaciones invisibles que, con el apoyo de la intuición, podrás integrar a tu vida de una manera mucho más clara, certera y consciente. Constatando las bondades de una vida menos acelerada y con mayor tranquilidad reflejada en cada aspecto de ti mismo.

Poco a poco con este nuevo enfoque de vida, te adentrarás en tu mundo interior, conociéndote y querrás saber cada día más y más sobre ese maravilloso ser que eres, integrando la consciencia de todos tus cuerpos, físico, mental, emocional y espiritual en un solo latido que emita la frecuencia de tu eterno corazón.

Poco a poco, te adentrarás en tu mundo interior y querrás saber cada vez más y más de ese maravilloso ser que eres. Imagen tromada de Freepik.

Beneficios de la meditación en cuerpo, mente y espíritu

Si observamos el siguiente gráfico, podremos ver que todo lo que hemos deseado se encuentra dentro de nosotros mismos y podremos tener acceso a ello estableciendo el hábito de la meditación autónoma de manera constante.

Son demasiados los beneficios que obtenemos al integrar la meditación profunda, como para no hacerle caso a la importancia de la interiorización.

Una vez que logramos este importante hábito, se vuelve el alimento vital de nuestra cotidianidad; es como el agua para el cuerpo, simplemente no podemos vivir sin la energía que nos aporta vitalidad física, claridad mental, un cuerpo en magníficas condiciones, emociones sanas y un corazón cada vez más abierto para interactuar con los demás; solo por mencionar algunos beneficios.

También podremos observar cómo las áreas más importantes de nuestra vida, cuerpo, mente y espíritu se ven beneficiadas con la meditación profunda; ellos estarán integrados por primera vez para nuestro mayor bienestar en todos los aspectos de la existencia.

Por todo esto, vale la pena hacer de la meditación algo esencial para nosotros; convirtiéndose así en la médula que nos mantendrá erguidos, sin importar los retos que tengamos que enfrentar, ya que lograremos la necesaria congruencia y coherencia, entre nuestros pensamientos, palabras y acciones. Lo cual generará orden en nuestra vida y paso a paso, lograremos la vida con la paz y el bienestar que deseamos.

Como ya mencionamos, con la meditación autónoma es posible integrar los tres aspectos de nuestra existencia. Al fortalecer cada uno de ellos, lograremos aquellos beneficios que siempre hemos deseado, tales como la felicidad, la paz, y la armonía, de manera constante y real en nuestra vida, gracias a la transformación de nuestro pensamiento producto del beneficio que las ondas cerebrales nos generan, como las nuevas estructuras de pensamiento con las cuales podemos transformar nuestra vida, ya que tendrás un nuevo enfoque con el cual observarla y entenderla. Con la meditación profunda, las fortalecerás la capacidad de ver y entender la vida desde nuevas esferas simples, naturales y armoniosas que se intensificarán a medida que avances en tu práctica de autoconocimiento, ya que derribarás las barreras mentales que te antes te impedían llegar a estos estados.

Beneficios del autoconocimiento

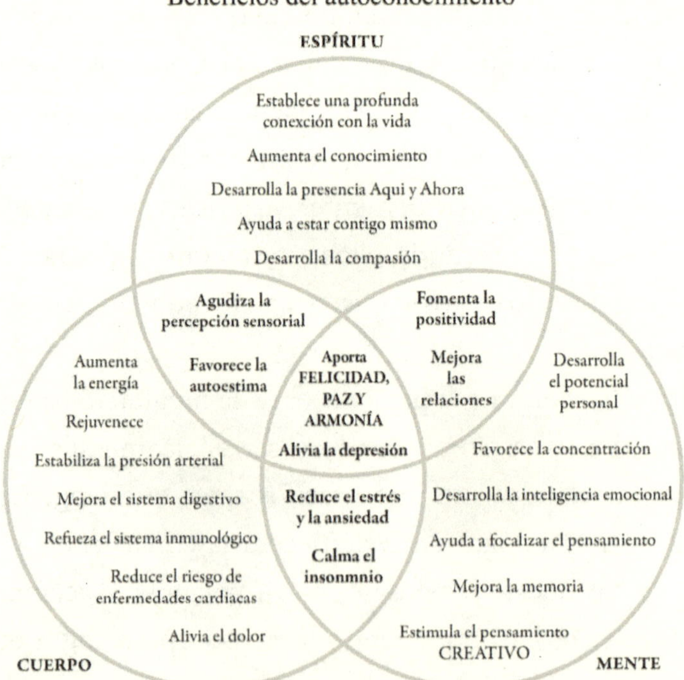

Campo electromagnético

Los campos electromagnéticos, de acuerdo con Alonso Fustel, García Vázquez y Onaindia Olalde (2011): son áreas de energía que rodean a los dispositivos eléctricos y se originan por el movimiento de cargas eléctricas. Son una combinación de ondas eléctricas y magnéticas que se desplazan simultáneamente y se propagan a la velocidad de la luz.

El sol es eléctrico y la tierra es magnética. En consecuencia, somos seres electromagnéticos, es decir, somos los transmisores de energía de ambos. Tenemos un campo energético a nuestro alrededor que se fortalece o debilita por diferentes prácticas positivas o negativas para nuestro organismo. De lo dicho se entiende que el campo electromagnético de un ser vivo es su escudo protector.

A menor nivel de energía, nuestro campo electromagnético pierde fuerza y somos más vulnerables y propensos a enfermedades. Nuestros estados mentales pueden ser como un verdadero enjambre de abejas, propiciando emociones negativas que, cuando no las tenemos claras o resueltas, causan estragos en nuestra vida, llegando en muchas ocasiones a perder las propias ganas de seguir viviendo.

Por ello, al elevar nuestras energías con la meditación autónoma o con prácticas como el yoga o el taichí, nuestro campo electromagnético se limpia, fortalece y, a la vez, se ordenan nuestros pensamientos y emociones; dando resultados tan positivos que nuestra existencia se recompone y esto nos permite interactuar con otros campos electromagnéticos (seres vivos) de una mejor manera.

Cuando tenemos cerca a una persona con un campo electromagnético muy denso, aunque no la conozcamos o sepamos qué le sucede, podemos percibir su estado vibratorio, ya que nuestro campo electromagnético percibe el de esa otra persona y podemos captar con claridad su nivel de energía.

¿Has sentido alguna vez algo así?

Para que las energías que recibimos del cosmos puedan fluir de mejor manera es necesario reciclar las nuestras constantemente, evitando que se estanquen, debilitando con ello nuestro campo electromagnético. Al permitir el correcto y adecuado flujo de las energías en nuestro cuerpo podremos mantener un campo electromagnético fortalecido y sano que nos permitirá mantener estados óptimos de bienestar físico, emocional, mental y espiritual.

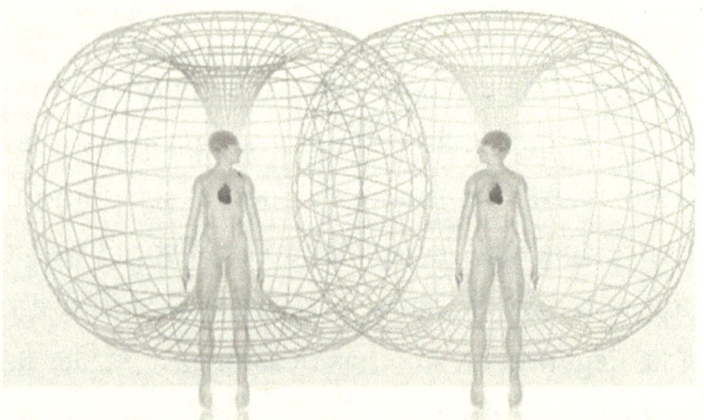

Campo electromagnético. Imagen tomada de https://merkhaba.com/el-corazon-tiene-neuronas/.

«Las personas mienten, la energía no». Por ello, conviene darle importancia a lo que percibimos con nuestro campo de energía, al reconocer lo que sentimos a través de nuestra intuición y percepción, podremos integrar aspectos de la vida que antes eran completamente desapercibidos para nuestros sentidos físicos. Ampliando por mucho, nuestra capacidad interacción con otros seres vivos.

Aprendamos a percibir la energía que nos rodea y a hacernos caso cuando sintamos que algo no va bien a nuestro alrededor: son nuestras habilidades extrasensoriales actuando y avisándonos que pongamos más atención al momento que estamos viviendo. Nuestro campo electromagnético es la antena que nos ayuda a percibir cualquier circunstancia de la vida, positiva o negativa. Por esto, es necesario, comprender que es indispensable mantenerlo en óptimas condiciones, para actuar de manera que corresponda según sea el caso.

El campo electromagnético se fortalece meditando constantemente, haciendo ejercicio, saliendo a la naturaleza, escuchando música binaural y de frecuencias elevadas, entre otras prácticas. Encuentra tu propia forma de fortalecerlo y constatarás los beneficios.

Vivir en armonía con las demás personas, pero sobre todo con uno mismo, es una necesidad imperante; en especial en una sociedad que cada vez está más desconectada de la compasión y la bondad en el interior de cada ser humano. Dada esta desatención interior, la tendencia es vivir en estados negativos y de constante agresividad, sin entender muy bien qué nos ha sucedido y por qué vivimos y actuamos así, somos como autómatas, resistiendo la falta de vitalidad y energía en nosotros, sin comprender el regalo de la vida y ahogando nuestras emociones en adicciones de todo tipo, sin comprender que el camino de sanación es hacia adentro de nosotros mismos, que en nuestro interior tenemos todo lo que necesitamos para tener una adecuada existencia.

Si vibramos en estados elevados del Ser podremos entregar a las demás personas nuestra bondad, amabilidad, claridad, verdad, certeza, compañerismo, amistad, confianza y paciencia, así como todas aquellas energías elevadas que consideremos adecuadas en nuestra vida. Una vez que ofrecemos eso, recibiremos lo mismo para nosotros, pues la energía que emitimos atrae por resonancia la misma frecuencia. A esto se le llama «ley de correspondencia».

Por ello es tan indispensable elevar nuestra consciencia de ser humano, para contrarrestar los efectos adversos de una sociedad cada vez más desconectada de su propio interior. Hacer este cambio de hábitos y actitudes además de posible es necesario, a fin de gestar la nueva humanidad que tanto anhelamos y necesitamos.

Conexión con el canal central

Para entrar en meditación profunda, es necesario establecer el canal cielo-tierra; este es un tubo de energía que corre desde el centro de la creación o la fuente hasta el centro de la Madre Tierra, anclándose en nuestro corazón para convertirnos en el puente del que emanarán todas las energías que recibamos. Todos los seres humanos tenemos la capacidad de establecer nuestro canal cielo-tierra y fortalecerlo para poder recibir la guía y asistencia energética que deseemos.

¿No te parece maravilloso? Esto nos permitirá expandir la consciencia y entender que somos seres tanto divinos como terrenales, somos el medio por el cual la creación genera vida en la Tierra. Comprender esto nos lleva a considerar una vez más la importancia de tener esta conexión lo más clara y fortalecida posible, pues somos instrumentos de acción para la luz cuando estamos conectados a plenitud, y para la «no luz» si no lo estamos.

Debemos pensar muy bien qué tipo de energías queremos emanar y recibir, y comprender que toda la energía que entreguemos al universo se nos devolverá como un búmeran.

Somos seres con ambos componentes, divino y terrestre. Conectarse al Cielo y arraigarse a la Tierra nos generará el equilibrio que tanto deseamos. Cuando solo tenemos un aspecto o ninguno, nuestra vida está en desequilibrio. Si solo estamos en alguno de los extremos no estaremos completos: somos espirituales sin materia o somos materialistas sin consciencia.

Al integrar la meditación autónoma en nuestra vida, podremos lograr ese equilibrio integrando ambas energías. Alcanzaremos así la plenitud como seres humanos, como este ser hibrido que somos, donde en nuestro ser terrenal podemos albergar la consciencia divina del cosmos, teniendo acceso a la sabiduría ancestral y divina de la que somos parte.

Con esta sencilla pero poderosa práctica constante, las personas seremos capaces de obtener todos los beneficios de lo divino al elevar nuestra consciencia; así como también, tendremos todas las oportunidades y herramientas que la Tierra nos ofrece para satisfacer nuestra vida material, logrando el balance entre nuestras partes divina y terrestre, estando en plena conexión y consciencia del ser que nos nutre y del cual somos parte.

Al meditar profundamente conectados a estas hermosas esencias, estableceremos un flujo constante de frecuencias elevadas que manarán por el canal central hasta tu corazón. Asimismo, también podrás enviar energías desde tu corazón hacia el centro del universo y el de la Madre Tierra, estableciendo una comunicación energética entre la Tierra, el cosmos y tú, integrándote de manera consciente a la creación de tu propia existencia. Ello es por completo posible, solo hace falta que lo intentes, y compruebes todos los beneficios de reconocerte como un ser interestelar, tanto como un hijo de la madre que nos provee el sustento y el hogar en el que habitamos.

Establecer esta sagrada conexión permitirá que nazca en ti, ese puente llamado (*antahkarana*) a través del cual se logra la comunicación cielo-tierra; logrando la manifestación de energía cósmica en este plano terrenal a través de ti. Ahora bien, ¿qué es el *antahkarana*? Según el religioso hinduista Adi Shankara (788-820) esta palabra significa «entendimiento».

CONEXIÓN ESPIRITUALIDAD Y MATERIA

El *antahkarana* es un símbolo muy antiguo que se usaba en China y el Tíbet para sanar y meditar. Se cree que tiene efectos positivos sobre el aura, los chakras y hasta el mismo espacio. En este sentido, solo estar en presencia de este símbolo puede generar un equilibrio de energías en todos los ámbitos.

Este símbolo se asocia, con un puente de conexión entre lo físico y lo superior que nos permite un crecimiento espiritual. Activamos dicha conexión cada vez que estamos en presencia de este símbolo multidimensional conformado por tres sietes sobre una superficie plana.

La conexión entre lo físico y el yo superior es perfectamente posible, ya que nuestro sistema endócrino se ve involucrado con la presencia de la energía en nuestro cuerpo; en especial por las glándulas pineal, pituitaria y timo. De estas, la pineal es la encargada de captar e interpretar las frecuencias que recibimos del cosmos para que podamos comprenderlas en el cerebro de forma objetiva. Lo veremos con detalle más adelante.

A fin de establecer esta maravillosa conexión, lo único que debes hacer es concentrarte y establecer desde tu más pura intención que tu energía se vincule con el centro del universo o la fuente, visualizando un espacio blanco e inmaculado al cual conectarte. De la misma manera, enlaza tu consciencia con el centro cristalino y radiante de la madre Tierra.

Para lograrlo, puedes visualizar (a través de tu tercer ojo y con el poder de proyección de la glándula pituitaria), que de tus pies salen unas hermosas y poderosas raíces energéticas que bajan por las capas de la Tierra, hasta llegar al centro puro y multicolor de Gaia. Es importante pedir permiso con humildad, para entrar en este centro sagrado de luz, sintonizándote con la energía de amor y abundancia de la Madre Tierra y visualizando cómo ella te lo concede, agradecer desde tu corazón este sagrado momento.

Debes sentir (o imaginar), que la energía más elevada de amor que de ella emana empieza a subir por tus raíces, que se ensanchan y fortalecen, con esta poderosa esencia de luz, permitiendo que esta maravillosa energía, entre por tus pies hasta tu chakra raíz, subiendo por tu canal central hasta llegar a tu chakra corazón y desde tu centro de amor, permitir que siga subiendo la energía hasta tu chakra corona. Desde este maravilloso chakra, con la fuerza de tu intención elevar tu proyección hasta conectar con el centro del universo, (puedes visualizar–imaginar, un espacio blanco resplandeciente en el centro del cosmos) como la fuente de amor de toda la existencia, de la cual somos parte; haciéndonos presentes manifestando nuestra conexión consciente.

Desde esta profunda conexión puedes pedir a la fuente, un rayo de luz del color que necesites para tu sanación, (apoyándote con el significado de cada uno de los colores, en el apartado de los colores de la creación de este libro) y observar cómo desde el centro del universo baja un rayo de amor del color que hayas escogido, que entra por tu chakra corona (en el tope de tu cabeza) y baja hasta tu corazón fundiéndose con tu energía y la de la Madre Tierra. De esta manera, generarás la relación, padre-madre-hijo, obteniendo el lazo irrompible con estas dos maravillosas esencias que nos dan vida.

Al lograr esta excepcional conexión podrás observar cómo el flujo de estas altas energías vinculadas a la tuya, te permitirán recibir y emitir frecuencias de elevada vibración hasta convertirte en ese ser humano consciente y vibrante, y podrás integrar las bondades de tu esencia divina y terrestre, lo que creará la coherencia positiva entre tus sentimientos, pensamientos y acciones, haciendo que vayas ordenando poco a poco todas las áreas de tu vida, para tu más alto bienestar.

Es muy importante comprender que, somos energía pura, desde la más diminuta molécula hasta el más grande planeta del universo. Esencia en expansión y autoconocimiento constante; aprovechar estas ventajas a tu vida, te permitirá aprovechar el regalo de esta encarnación, donde hoy la vida fluye a través de tus venas, con la chispa divina de la creación. Honremos este cuerpo y esta sagrada existencia, siendo conscientes, reverenciando nuestra sagrada existencia, siendo diligentes con la coherencia de cada uno de nuestros actos.

Imagen tomada de Freepik.

Recordemos que somos parte de un universo en evolución constante, que se crea y restaura a sí mismo. Al recibir esta energía de crecimiento y renovación estamos influidos de tan hermosa manera que ella nos ayuda a transformar nuestra existencia, lo queramos o no, lo entendamos o no.

Conectarnos de manera consciente a recibir este flujo de energías y frecuencias nos ayudará a ser cada vez más perceptivos de nosotros mismos, de nuestros procesos de transformación, con lo que podremos fluir de forma más armónica con nosotros y con las demás seres vivos; integrando poco a poco el entendimiento de nuestro ser en esencia, en consciencia de la vida que hemos escogido vivir.

Así, pues, podremos tomar nuestro lugar y ayudar al planeta desde la consciencia, desde nuestra verdadera esencia y propósito; sumándonos al equipo que apoya la ascensión planetaria, ofreciendo nuestra humilde colaboración para la evolución de la humanidad.

¿Estás listo y dispuesto para sumarte a este gran momento de transformación humana y ascensión planetaria?

Habilidades cerebrales

En la medida que meditamos con más frecuencia fortalecemos nuestros cuerpos sutiles y reconectamos capacidades físicas cerebrales como las siguientes:

- **Intuición:** es la capacidad de saber, que las cosas van a suceder, incluso sin tener ningún dato real que lo confirme, pero teniendo la clara sensación de que así será.
- **Clarividencia:** facultad que ayuda a poder ver situaciones de otros planos energéticos o espirituales que no son visibles en el mundo «real».
- **Clariaudiencia:** capacidad de escuchar todo aquello que no sucede en este plano, pero que es perceptible a nuestros oídos internos.
- **Telepatía:** habilidad de poderte comunicar con otras personas o seres de forma mental o intuitiva; logrando una verdadera conexión.
- **Visualización:** posibilidad interna de observar en nuestra pantalla interior todo aquello que deseamos.
- **Percepción:** potencia energética de captar frecuencias, ideas y sensaciones que no son visibles para nuestros ojos pero que son percibidas por nuestro campo áurico y el cerebro la interpreta con claridad.
- **Proyección:** destreza que permite plasmar en el futuro aquello que deseamos.
- **Mediumnidad:** canalización de mensajes de otros seres y dimensiones, interpretándolos de forma objetiva para los demás.

- **Decretos:** son la fuerza de las palabras en acción; estos moldean nuestra realidad, positiva o negativamente.
- **Manifestación:** es el poder de crear en el mundo material todo aquello que deseamos o imaginamos.

HABILIDADES CEREBRALES

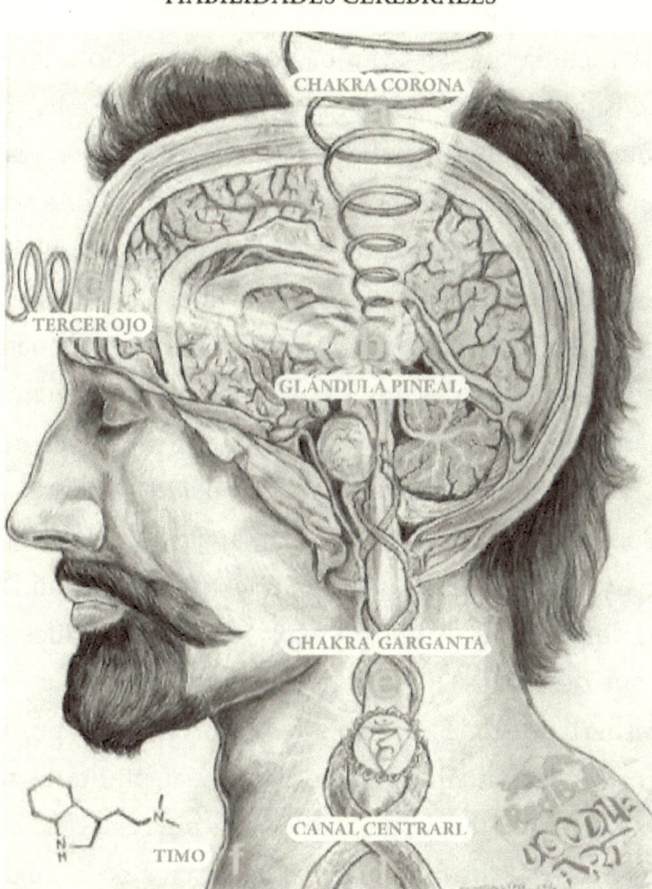

Habilidades cerebrales. Imagen tomada de https://marcosvelez.com/2019/09/15/glandula-pineal-el-secreto/.

Estas habilidades se irán convirtiendo en «superpoderes» que podemos integrar en nuestra vida. La clave es meditar para activar esta poderosa maquinaria que reside en nuestro interior, permitiendo la entrada de elevadas energías a nuestro sistema despertando así, de manera natural, todas estas cualidades que llevan a la elevación de frecuencias y al despertar de la consciencia, integrándonos como seres humanos completos, conscientes y con habilidades excepcionales, que hasta hoy pueden estar aún dormidas en gran parte de la humanidad.

En la medida que nos vamos acostumbrando a las nuevas habilidades despiertas y al ingreso de altas vibraciones en nosotros, podemos sentir con claridad como si nos aparecieran fuerzas superiores de forma sincrónica, alineando lo que sentimos en nuestro interior con nuestra realidad de vida y ayudándonos a manifestar nuestro propósito más elevado.

Empezaremos a constatar que somos seres extremadamente dotados de habilidades que hasta hoy hemos desatendido, así como llenos de capacidades, y talentos que surgirán de nuestro autoconocimiento en todos los niveles de nuestro ser humano. Podremos conocernos cada día más, teniéndonos mayor confianza y desarrollaremos todas nuestras potencialidades en la medida que nos atrevamos a explorarlas y a manifestar todo aquello que deseemos.

El despertar de todas las habilidades cerebrales es posible gracias a la estimulación que las glándulas pineal, pituitaria y el timo reciben al hacer contacto con las elevadas energías del cosmos.

Este es uno de los más grandes beneficios de la meditación profunda: acceder a todo este potencial cerebral que despierta maravillosas herramientas para nuestra estancia en el planeta Tierra.

René Descartes (1596-1650) fue un filósofo, matemático y físico francés considerado el padre de la geometría analítica y la filosofía moderna, así como uno de los protagonistas con luz propia del umbral de la revolución científica. En 1649 publicó su obra *Las pasiones del alma*, en la que denomina a la glándula pineal como «el asiento del alma».

La ubicación anatómica del alma humana ha constituido un controvertido motivo de discusión en los ámbitos filosófico, teológico y científico a lo largo de la historia. Una de las hipótesis más conocidas sobre este tema fue propuesta por Descartes, para quien el alma se alojaría en la glándula pineal, órgano cerebral cuya especial localización le permitiría dirigir adecuadamente el funcionamiento del cuerpo humano.

Si bien Descartes siempre defendió la originalidad de sus hipótesis filosóficas, en materia fisiológica y anatómica. Se trataría de sutiles fluidos, a modo de pequeñísimas partículas en rápido movimiento, que circularían por el interior de los ventrículos cerebrales y de los nervios. En suma, una especie de «quintaesencia» originada, por rarefacción, del líquido sanguíneo. Finalmente, para que esta relación armónica mente-cuerpo tenga lugar, es necesario que el alma humana tuviera un asiento corpóreo y físico, desde donde le fuera posible esa misteriosa comunicación. De esta forma, Descartes fijó la sede del alma en la parte más recóndita del cerebro, es decir la glándula pineal.

Posiblemente, las razones que llevaron al filósofo a considerar esta elección fueron de carácter netamente anatómico, pues considera que todos los órganos sensoriales y cefálicos son dobles, salvo esa pequeña y solitaria glandulita situada geométricamente en el centro del cerebro (...) y suspendida sobre los canales que contienen los espíritus animales. Su localización central haría posible la naturaleza del proceso integrativo de las percepciones y sensaciones, procedentes de órganos duplicados (López-Muñoz y cols., 2012).

La glándula pineal

Esta es una pequeña glándula en forma de piña que produce melatonina, hormona que ayuda en los procesos de conciliar el sueño y que regula el reloj biológico interno, y endorfinas, hormona que provoca sensación de tranquilidad. Está ubicada entre los hemisferios cerebrales y se relaciona de manera directa con el séptimo chakra, por lo que tiene conexión con la energía del cosmos.

La glándula pineal es fotosensible y magnetorreceptora, es decir, transforma las ondas de los campos magnéticos de la energía del cosmos en estímulos bioquímicos y neuroquímicos dentro de nuestro cerebro, de modo que podremos interpretar dicha información para nuestra comprensión humana. Así mismo, segrega sustancias como las endorfinas, hormona que nos provocan tranquilidad en nuestro sistema nervioso.

Además, capta las ondas del campo electromagnético y la información es interpretada por el córtex frontal; esta es la función de la glándula pituitaria, la que permite observar en nuestra pantalla interior todo lo que se ha captado desde la glándula pineal.

También segrega dimetriltriptamino (DMT), que produce estados alterados de conciencia. Esto es lo que nos permite tener visualizaciones con los ojos cerrados, así como ver imágenes en nuestros sueños.

Para poder obtener todas sus funcionalidades, debemos prevenir que la glándula pineal se calcifique, evitando el consumo de flúor, una dieta cargada de conservantes, azúcar blanco, refrescos, productos químicos y pesticidas; todos ellos son un factor de riesgo importante para la calcificación.

Como se puede observar, nuestro cerebro está completamente capacitado para recibir toda la información del cosmos, interpretándola de manera que podamos comprenderla y ejecutarla en nuestra vida, como información objetiva para cada consciencia humana.

Cuando meditamos de manera constante, permitimos que esta maravillosa glándula sea estimulada, lo que provoca que se despierten las funcionalidades dormidas. Si aunado a eso cuidamos la alimentación evitando su calcificación, obtendremos muchísimos beneficios para nuestra vida de esta excepcional fuente de sabiduría e información.

¿Qué sientes al pensar que puedes acceder a tanta información de manera ilimitada solo a través de la estimulación de la glándula pineal, solo a través de la meditación autónoma?

Otras dos glándulas también juegan un papel muy importante: el timo y la pituitaria. Esta última, como ya se dijo, se encarga de reflejar las imágenes que envía la glándula pineal. Es como un diminuto proyector dentro de tu cerebro que te permite «ver» imágenes dentro de tu cerebro; se trata de tu visión interna o «Tercer Ojo».

El timo es fundamental, pues cuando tenemos diferentes emociones se expande o contrae si estas son positivas o negativas, respectivamente. Según el tipo de emoción que reciba, enviará a la glándula pineal determinada información; esta enviará a su vez referencias a la pituitaria generando imágenes correspondientes a dicha emoción. Por ello, cuando estás deprimido solo ves escenarios oscuros y negativos. En sentido contrario, cuando cambia tu emoción hacia la alegría y el bienestar ves escenarios positivos y se abren posibilidades de resolución.

Así, es indispensable tener en óptimas condiciones nuestro cuerpo emocional, ya que es el alimento de la vida y genera el filtro por el cual vamos a percibir nuestra existencia, ya sea negativa o positivamente, dependerá de nosotros.

Cabe mencionar que este proceso glandular está interrelacionado con la información que los neurotransmisores enviarán y las sinapsis que se crearán, transformando estos datos en hormonas que corresponderán a las frecuencias emocionales que generamos en nuestro interior.

Las glándulas responderán como una maquinaria perfecta a la información que les sea enviada desde nuestro cuerpo emocional.

Las glándulas pineal, pituitaria y el timo son denominadas «el Triángulo de Poder», que está influido de forma directa por la energía positiva o negativa que nuestros cuerpos reciben y transmiten a diario

La meditación profunda ayuda a elevar la calidad de las frecuencias que permitimos que fluyan por nuestras glándulas. Esta es la puerta por medio de la cual la consciencia se amplía y permite elevar tu vibración cada vez más, teniendo mayor comprensión de todo lo que sucede dentro y fuera de ti.

Es entonces cuando logras integrarte a la creación de manera consciente como un ser conectado a la fuente de la vida, permitiendo que las energías que recibas a través del canal cielo-tierra te conviertan en un ser despierto y lleno de luz, manifestando la vida que deseas acorde a tu esencia y vibración.

Los chakras o centros de energía

Los chakras son los centros de energía de nuestro cuerpo. Ellos se ubican por todo nuestro canal central o espina dorsal en el cuerpo energético y son los encargados de regular los procesos emocionales, psicológicos y espirituales del ser humano. Cada uno tiene diferentes funciones y se identifican por sus colores desde el tope de la cabeza hasta el coxis.

Hay otros dos centros de energía muy importantes que se encuentran fuera de nuestro cuerpo, son los chakras noveno superior e inferior; el primero nos conecta a nuestra información cósmica y el segundo hace lo propio con la información energética terrestre. Ambos son de vital importancia para conectar y poder revitalizar y energizar durante cada meditación.

A continuación, se explica el funcionamiento de cada chakra o centro energético para reconocer sus propiedades y los beneficios que traen a nuestra vida.

- **Séptimo chakra:** «corona». Se ubica en el tope de nuestra cabeza. Es el encargado de la conexión espiritual.
- **Sexto chakra:** es el «Tercer Ojo». Está en medio de la frente y nos ayuda a la visualización, percepción y proyección.
- **Quinto chakra:** se posiciona en la garganta. Nos permite la adecuada comunicación y expresión.
- **Cuarto chakra:** se encuentra en el corazón. Es el encargado del amor propio, la autoestima, la empatía y la alegría.
- **Tercer chakra:** o chakra del plexo. Está en el estómago y es el receptor de las emociones, la voluntad y la fortaleza.

- **Segundo chakra:** es de la creatividad. Se ubica abajo del ombligo y nos da la fertilidad, habilidades sociales y creatividad.
- **Primer chakra:** «raíz». Ubicado en la base de nuestra columna, nos ayuda a lograr estabilidad, seguridad, manifestación y supervivencia.

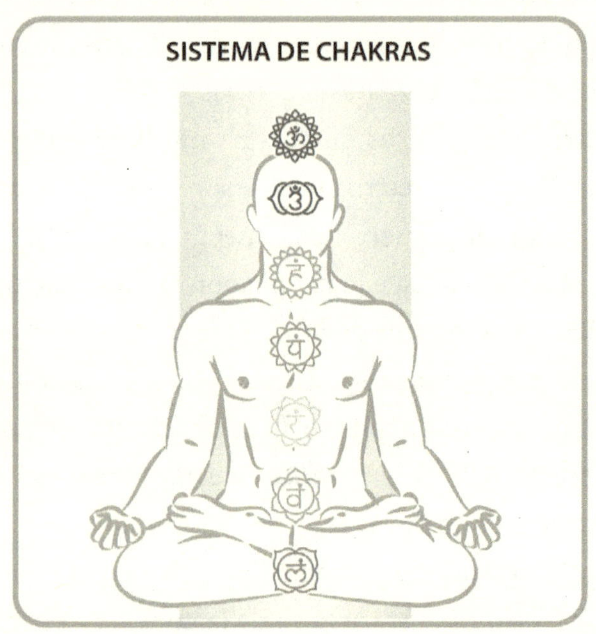

Meditar constantemente nos permite tener un correcto funcionamiento de los centros de energía, ya que cuando no los depuramos esta se estanca y llegan a producirse manifestaciones en el cuerpo físico, como dolores en la zona del bloqueo, enfermedades pasajeras e inclusive graves.

Por ejemplo, cuando no podemos expresarnos bien se bloquea el sexto chakra y a la larga nos enfermaremos de la garganta. Asimismo, cuando no podemos sentir amor o alegría es porque nuestro cuarto chakra ha disminuido su función debido a la densidad de emociones acumuladas. Ello ocurre cuando hay amargura en nuestra vida; en grados extremos, las personas pueden enfermar del corazón.

Esto ocurre con cada uno de los chakras, y de esa manera podremos identificar cuál o cuáles de estos se pueden encontrar afectados. El cuerpo nos habla a través de las enfermedades o dolencias.

Otro beneficio que nos ofrece la meditación es que al liberar de manera natural las emociones estancadas desbloquearemos los centros energéticos; ello nos ayuda a sanar internamente, liberando nuestros bloqueos y fortaleciendo nuestros cuerpos sutiles, lo cual se verá reflejado de inmediato en el bienestar del cuerpo físico.

Estar en constante meditación y depuración de nuestra energía estancada nos permite una mayor comunicación con nuestros cuerpos sutiles; así como mayores percepciones, en relación con las causas de nuestras dolencias. Con la práctica llegaremos a relacionar de forma muy clara los síntomas físicos con las emociones y pensamientos. Aprenderemos a sanarnos a nosotros mismos de manera natural y muy efectiva.

Todo lo dicho convierte a la meditación autónoma, en una herramienta esencial para mantener un óptimo estado del ser humano, al comprender que somos un conjunto de energías y cuerpos que interactúan para alcanzar nuestro más elevado bienestar. Poniendo la atención y el cuidado de nuestro cuerpo físico y emocional en primer lugar, ya que estos son los sensores para identificar un estado óptimo de bienestar.

Si sanamos los cuerpos energético, emocional o espiritual podremos recuperar la salud física la gran mayoría de las veces; dependiendo de cuánto tardemos en atendernos, tendremos mayores o menores posibilidades de revertir los efectos de cualquier padecimiento o enfermedad.

Al meditar constantemente, a veces no identificamos de dónde viene la emoción que liberamos ni por qué está ahí; sin embargo, lo importante es estar conscientes de que hemos soltado energía densa que nos limitaba, que evitaba que entendiéramos con claridad diferentes situaciones en nuestra vida y que con el paso del tiempo seguramente nos iba a llegar a afectar nuestro cuerpo físico. Al integrar esta forma de depuración energética, estaremos seguros de que nos evitaremos muchos dolores emocionales y enfermedades futuras.

Los colores de la creación

Es importante que relacionemos los colores de la creación con cada uno de los chakras y el significado de cada uno de ellos para así entender su funcionamiento en nuestro cuerpo energético.

- **Violeta:** séptimo chakra, «corona». Transmutación, misericordia, perdón, liberación.
- **Azul índigo:** sexto chakra, «Tercer Ojo». Protección, lucha, coraje y fuerza.
- **Azul claro:** quinto chakra, garganta. Pureza, amor, sutileza, humildad, confianza.
- **Verde:** cuarto chacra, corazón. Sanación, paz, armonía, salud, alegría.
- **Amarillo:** tercer chakra, estómago. sabiduría, iluminación, emociones.
- **Naranja:** segundo chakra, ombligo. Procreación, creatividad, felicidad.
- **Rojo:** primer chakra, «raíz». Prosperidad, riqueza, estabilidad, manifestación, arraigo a la Tierra.
- **Rosa:** amor incondicional, relaciones de pareja, amistad.

Al meditar podemos utilizar cada una de las diferentes vibraciones, de cada uno de los colores, según sea nuestra necesidad para alcanzar un mayor bienestar; ellas están a nuestra disposición y son grandes herramientas para nuestra vida.

Los colores transmiten vibraciones y frecuencias que existen en todo el cosmos y generan energía de sanación y elevación, cada vez que los utilizamos de manera consciente para nuestro beneficio.

Podemos utilizarlos para fines específicos en nuestro proceso de meditación, atrayendo hacia nosotros determinado color que nos transmita la energía que queremos potenciar, o aquella que nos hace falta integrar para mejorar el bienestar de nuestro ser humano.

Todos los colores están representados en la naturaleza: en el cosmos, en las piedras, en las flores, en el arcoíris... ¿Lo has observado? Son vibraciones muy puras que nos ayudan a conectar con las virtudes de cada color; estas herramientas nos apoyan en nuestro proceso de evolución, así que podremos utilizarlas con la certeza de que obtendremos muy buenos resultados.

Cuando un color trabaja con nosotros o viceversa podemos observar cómo todo alrededor de nuestra vida se pinta de ese matiz, ya sea porque nos llama con insistencia de manera inconsciente o para que permitamos que esa vibración entre en nuestra vida a consciencia y seamos impactados por sus beneficios. Sólo basta poner un poco de atención al color de la ropa que escogemos, así como la decoración de nuestra casa y oficina, y podremos identificar cómo los colores están actuando de manera inconsciente en nuestra vida.

Con esto podemos entender, que todo lo externo en nuestra vida es un reflejo de nuestro interior. Por esto, cuando sólo escogemos colores oscuros quizás estamos expresando la densidad en la que hemos estado vibrando; en la medida que vayamos sanando, poco a poco iremos escogiendo colores más brillantes y coloridos. Comprender esto nos dará las pistas para saber cómo nos encontramos y de qué manera vamos evolucionando.

Los colores de la creación también se han asociado a las bondades y virtudes de los arcángeles de luz y amor a los que puedes pedir asistencia a la hora de meditar. Ellos siempre nos apoyan.

Podemos creer o no en los arcángeles, cada fe es respetable. Puedes basarte tan solo en la vibración del color, que es lo más importante, y así integrarás y elevarás tu frecuencia.

Chakras interdimensionales

También existen centros de energía fuera del cuerpo humano. Son los llamados chakras interdimensionales, localizados en otras dimensiones del vasto universo pero que forman parte importante de nuestra estructura energética interestelar, por lo que nos beneficia estar conectados a su energía y, sobre todo, saber de su existencia. Ello nos permitirá entender que toda la creación es una similitud.

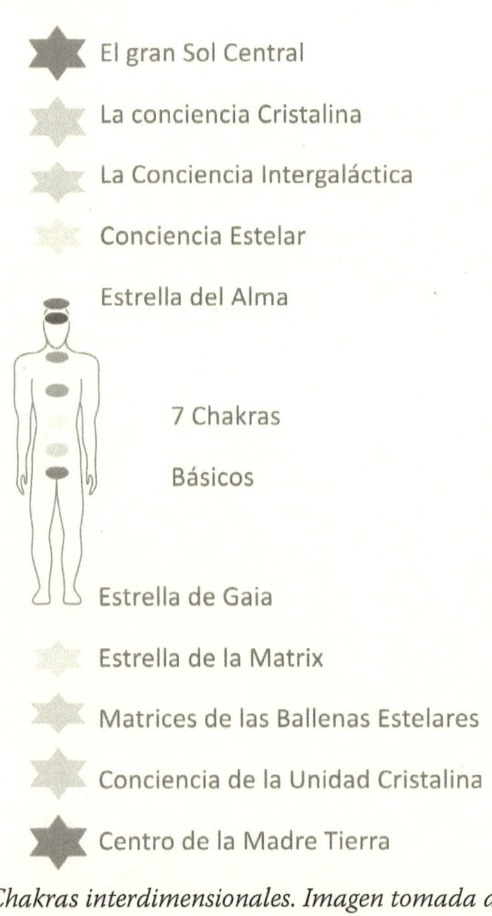

Chakras interdimensionales. Imagen tomada de https://texashealers.com/hidden_chakras.

La premisa «como es arriba, es abajo» quiere decir que, así como es en el cosmos, es en nosotros, y la meditación autónoma, es el medio por el cual podemos tener acceso a la energía de estos chakras interdimensionales si elevamos nuestra frecuencia lo suficiente como para acceder a ellos, podremos expandir nuestra consciencia y sabiduría de forma incalculable.

Estos chakras existen en el universo, son invisibles e inaccesibles a nuestros sentidos humanos, sobrepasan nuestros conceptos tridimensionales y se extienden hasta el infinito, permitiendo que la vida se expanda por todo el universo.

Con esta imagen podemos observar cómo los chakras son parte fundamental del universo; esta es la forma en que es transmitida la energía para que todos los seres de la creación podamos recibirla y ser beneficiados por ella en cualquier dimensión que nos encontremos.

Aquí radica la gran importancia de tener nuestros chakras alineados y depurados, pues cuando se encuentran bloqueados es muy difícil que llegue la información que podríamos recibir si los tuviéramos en un estado óptimo.

Este es otro gran beneficio de la meditación, ya que en la medida en que tengamos nuestros centros de energía en óptimas condiciones podremos ser receptores y emisores de las energías del universo.

En el planeta ya hay muchas personas que conectan con estas energías y transmiten las frecuencias e información que obtienen de estas fuentes de amor y de luz. Puedes seguirlos en canales digitales como Quantum Holoforms, House of Alchemy, Reiki Practices and Ascensional Work o Iván Donaldson, solo por mencionar algunos.

Con esto quiero hacer notar que no es un secreto ni algo imposible, al contrario, es perfectamente viable. Si elevas lo suficiente tu energía y mantienes la disciplina de tu conexión interior, es muy probable que poco a poco puedas conectar también, con altas frecuencias de luz y amor. Adquirir esta consciencia para nuestra evolución, nos permite ser humanos despiertos, con conocimiento y prácticas que apoyan nuestro crecimiento individual y colectivo, los que nos ayuda a tomar decisiones asertivas en momentos clave de nuestra vida. Esta es una de las ventajas del momento planetario que estamos viviendo.

Todos podemos tener acceso a las más altas frecuencias de energía, si nos lo proponemos y trabajamos en consciencia para lograr manifestarlas en nuestra vida cotidiana.

Cuerpos sutiles

Como podemos observar en la siguiente imagen, no solo tenemos el cuerpo físico, sino que contamos con otros seis cuerpos, con los que interactuamos en nuestra vida sin que tengamos consciencia de ello. Comprenderlo ayuda a identificar que, al atender solo a uno de los cuerpos, por lo general el físico, no vamos a encontrar la completitud de ser humano, muy por el contrario, estaremos muy limitados en nuestro desarrollo y evolución.

Debemos procurar mantener en óptimo estado cada uno de nuestros cuerpos para lograr obtener la potencialidad que nos ofrece cada uno de ellos y además poder ser aquellos que, como almas, hemos venido a hacer en este planeta, aprovechando todas las bondades que esto nos ofrece.

En la medida en que meditemos de manera cada vez más constante y profunda, sentiremos una gradual manifestación de nuestros cuerpos sutiles, captando información para nuestro bienestar, ampliando nuestras habilidades, capacidades y dones, integrando cada vez mayor seguridad y confianza en el ser que emerge en nosotros, al integrar todo nuestro potencial que antes estaba dormido. Obteniendo mayores certezas en nuestro proceso y evolución humana. Completando poco a poco el rompecabezas de nuestra existencia nos conoceremos con mayor profundidad cada vez, y podremos expandir nuestro ser humano, con todo su potencial y su brillo, alcanzando objetivos y metas que muy probablemente, antes hubiera sido impensable lograr.

Por ejemplo, mantener las emociones en un óptimo estado permite que nuestro cuerpo físico no se enferme, que nuestro nivel de energía permanezca en una condición inmejorable también, que nuestros pensamientos sean positivos, así como nuestro estado de ánimo y que podamos encontrar soluciones más creativas, sustentables y felices en nuestra vida.

Esto nos lleva a observar la importancia de integrar nuestros cuerpos en consciencia, para lograr un óptimo desarrollo y un bienestar integral en nuestra vida; es de suma importancia, reconocer y atender, al menos nuestros cuerpos sutiles inferiores: el físico, energético, astral y mental, que son aquellos a los cuales tenemos acceso directamente.

Es en nuestros cuerpos más elevados (causal, búdico e íntimo o átmico), es de donde obtenemos toda la información que necesitamos para nuestra evolución como seres humanos, sin embargo, debemos haber conquistado el equilibrio de nuestros cuerpos sutiles inferiores con el fin de acceder a la sabiduría de nuestro ser en esencia. La información que requerimos para nuestro desarrollo está almacenada en cada uno de nuestros cuerpos sutiles superiores, y podemos acceder a ella a través de la meditación autónoma, profundizando en nuestro interior, elevando nuestra frecuencia y alcanzando niveles de consciencia que nos permita recordar quiénes somos, nuestras habilidades y potencialidades como un ser evolucionado e inmortal.

En esta imagen (Sicoenergética, s.f.) podemos observar nuestros cuatro cuerpos inferiores: el físico, energético, el astral y el mental. También se representan los tres cuerpos superiores: causal, búdico e íntimo; este último se puede entender como el ser superior, tu parte más elevada, la que guarda toda la información acumulada a través de tus vidas. Es nuestra esencia que nunca muere.

Cuando nacemos, además de nuestro cuerpo físico nos acompaña también el cuerpo energético. Es este el que se encarga de restablecer la energía a nuestro cuerpo físico cuando nos excedemos de actividad y nos desgastamos energéticamente.

En la medida que crecemos desarrollamos nuestros cuerpos emocional y espiritual, logramos acceso a la totalidad de nuestros cuerpos sutiles, si nos empeñamos en la evolución integral de nuestro ser humano. La edad en la que estamos completos para empezar este proceso es a los 21 años, que es cuando el cuerpo está formado y apto biológicamente para empezar con esta transformación. Necesitamos crear todos nuestros cuerpos sutiles para que la consciencia o alma, los utilice en los diferentes planos de vida, ya que ésta requiere a cada uno de ellos para moverse en las diferentes dimensiones a las cuales puede acceder, para su crecimiento y evolución.

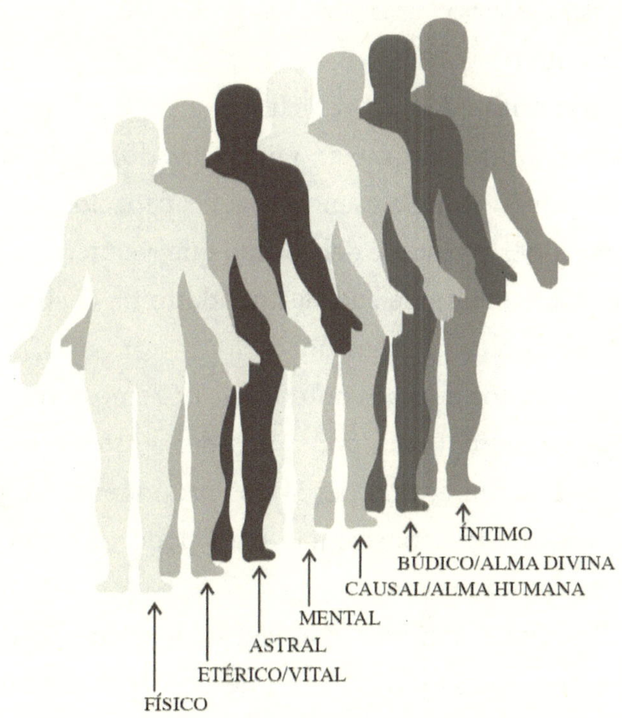

Cuerpos sutiles. Imagen tomada de https://sicoenergetica.com/cuerpo-fisico.

Estos son los siete cuerpos que conforman nuestro ser:

Cuerpo físico: dentro de él está todo el material psíquico y energético, así como la chispa divina o esencia para la creación y transformación del auténtico ser humano. Por ello tenemos dentro de nosotros todo lo que se requiere para lograr aquello que hemos venido a lograr en esta existencia.

Cuerpo energético: se desarrolla y funciona dentro de la cuarta dimensión y sirve de fondo vital que nutre al cuerpo físico de energía para sus actividades en la cotidianidad.

Cuerpo astral: es el que utiliza la consciencia o alma para desenvolverse en la quinta dimensión, conocida como plano astral, para que el ser investigue y se desenvuelva en este plano dimensional, ya sea el astral elevado o astral bajo. Para crear este cuerpo es necesario pasar por la alquimia transformadora del crecimiento interior.

Cuerpo mental: es otro vehículo que sirve a la consciencia o alma para moverse en un plano más elevado, el plano mental de la quinta dimensión. La esencia tiene la capacidad de llegar a otras dimensiones y vestirse del cuerpo que requiere para poder habitar en ella, tal como le sucede cuando toma el cuerpo físico para habitar la tercera dimensión.

Así como en los cuerpos anteriores, debemos crear y fortalecer el cuerpo mental para poder acceder a este plano dimensional, al cual podemos acceder si nos proponemos lograr este desarrollo en nuestra consciencia para poder acceder a estos planos de existencia.

Cuerpo causal: también conocido como cuerpo de la voluntad. Este es creado a través de nuestras energías creadoras. Es el vehículo del alma para moverse dentro de la sexta dimensión. Cuando meditamos de manera profunda o autónoma, el alma entra a la sexta dimensión, donde el ego desaparece y nuestra esencia o vibración es como la de un niño inocente y sin malicia. El alma en el mundo causal es un dios en miniatura, capaz de saber lo que desee cuando el cuerpo causal ha alcanzado la madurez, porque a cualquier dimensión que esta vaya contará con un cuerpo para poder acceder a los diferentes planos de consciencia.

Cuerpo búdico: nos sirve para movernos dentro de la sexta dimensión. Nos da acceso al alma divina, que no está encarnada en el cuerpo físico, pero tenemos acceso a ella pasando por esta sexta iniciación.

Cuerpo átmico: corresponde al maestro interno o ser superior de cada persona. El atman es el cuerpo íntimo, lo más profundo y elevado de cada ser. Es el maestro que espera que el alma humana llene los requisitos para encarnarse en cada vida. También habita en la sexta dimensión.

La mezcla de estos siete cuerpos compone la totalidad del Ser. En la conciencia terrestre solo utilizamos nuestros cuatro cuerpos inferiores, pero en la medida en que desarrollamos los superiores creceremos hacia la consciencia divina e inmortal de nuestro ser eterno, que es energía pura y perenne.

La siguiente imagen permite identificar cómo se relaciona cada uno de nuestros cuerpos sutiles con los chakras del cuerpo físico, así como con las partes del ser humano. También nos permite observar cómo los cuerpos sutiles superiores (espíritu, alma y sabiduría divina) corresponden a los chakras superiores, y como los cuerpos sutiles inferiores se vinculan con los chakras inferiores.

Cuando logramos integrar la consciencia de los siete cuerpos y vivir en la Tierra al servicio de las energías más elevadas nos convertimos en un ser iluminado, un maestro como lo fueron Jesús, Buda, Mahoma y Osho, entre otros.

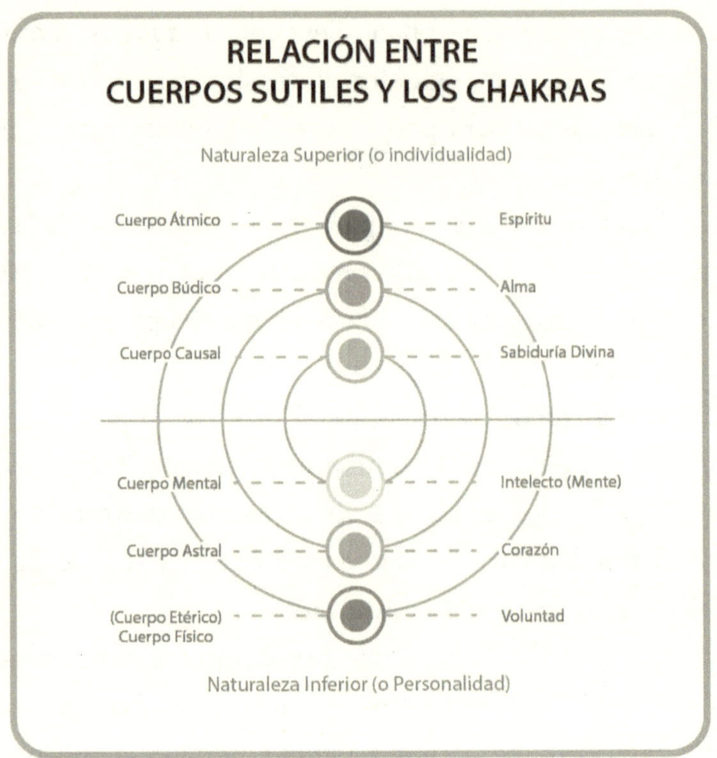

Este es el objetivo de experimentar tantas encarnaciones, explorar todas las posibilidades del ser, integrando estas experiencias como un vasto aprendizaje del alma hasta que por fin logremos elevar nuestra vibración y entendimiento a tal grado que nos convirtamos en seres iluminados que lograron atravesar e integrar en su alma los aprendizajes de esta tierra.

Céntrate en tu respiración, controla tu mente, deja pasar tus pensamientos, adéntrate en las profundidades de tu alma y descubre el vasto universo que fluye en tu interior. Si nos lo proponemos, podemos llegar a tener la consciencia y la comprensión de todas las potencialidades de nuestro ser en esta encarnación. De acuerdo con la edad de tu alma, estarás más o menos interesado en explorarte en esta vida, sin embargo, más tarde o más temprano en el desarrollo de tu existencia tendrás esta curiosidad o interés por crecer y desarrollarte hacia tu máximo potencial.

Te invito a que te sumerjas en las profundidades de tu interior para que logres integrar las más altas energías a las que puedas acceder; observando los cambios maravillosos que poco a poco sucederán dentro y fuera de ti.

Los siete principios herméticos: Hermes Trismegisto

Los principios herméticos fueron recopilados en 1908 por un grupo anónimo que se denominó Los Tres Iniciados. Este conjunto plasmó las enseñanzas del sabio egipcio Hermes Trismegisto, mismas que, desde aquellos tiempos, definieron cómo serían las bases de la vida, que siguen vigentes en nuestros días.

Comprender estos principios nos ayudará a entender mejor cómo funciona la esencia de la vida y cómo esta sencilla y a la vez profunda sabiduría milenaria, puede allanarnos nuestra intrincada encarnación. Aplicarlos puede traernos grandes beneficios, pero, principalmente, nos permiten ampliar nuestra conciencia de vida, comprendiendo cada día más los momentos que experimentamos. Nos permite tener un enfoque distinto de las situaciones que vivimos y podremos entender por qué nuestra alma escogió determinadas experiencias de vida.

Aquí expondremos brevemente el significado de cada una de las leyes del *Kybalión*, libro de Los Tres Iniciados que recopila los siete principios herméticos. Una vez que las conozcas podrás integrarlas y empezar a observar cómo influyen en tu vida a diario. Te invito a que busques ese texto, será de gran utilidad para tu crecimiento espiritual.[1]

Mentalismo

«El Todo es mente; el universo es mental. El Todo es el conjunto totalizador. Nada hay fuera del Todo». Esto significa que

1 Todas las citas sobre los siete principios herméticos son tomadas de *Kybalión*, s.f.

todo se crea a través de nuestra mente y el universo fue creado por una mente maestra: Dios. Para que algo exista, primero debió ser pensado. Cada cosa que vemos y que no fue creada por la imaginación del todo, que es indefinible y es considerado como la mente universal. Así mismo, todo lo que existe en nuestra vida, es creada por nuestra mente superior, que es quien desea integrar los aprendizajes de cada experiencia.

Correspondencia

«Como es arriba, es abajo; como es adentro, es afuera. Afirma que este principio se manifiesta en los tres Grandes Planos: Físico, Mental y Espiritual». Esto significa que siempre hay una correspondencia entre los planos del ser y la vida terrenal. Todo tiene su reflejo y semejanza. «Establece que hay armonía entre el plano físico, el plano mental y el plano espiritual».

Vibración

«Nada está inmóvil; todo se mueve». Todo vibra, todo cambia y evoluciona. Este principio nos indica que todo tiene una frecuencia que está en movimiento y que se transforma a sí misma para su evolución. «Explica las diferencias entre las diversas manifestaciones de la materia, de la fuerza, de la mente y aun del mismo espíritu, las que no son sino el resultado de los varios estados vibratorios».

Polaridad

Acerca del principio de la polaridad podemos conocer lo siguiente:

Todo es doble, todo tiene dos polos; todo, su par de opuestos: los semejantes y los antagónicos son lo mismo; los opuestos son idénticos en naturaleza, pero diferentes en grado; los extremos se tocan; todas las verdades son medias verdades, todas las paradojas pueden reconciliarse. La polaridad mantiene el ritmo de la vida. Conocemos la existencia de algo por el contraste de su opuesto. Así, encontramos luz-oscuridad / amor-odio / espíritu-materia / vida-muerte / bien-mal / vigilia-sueño / valor-miedo / alegría-tristeza.

Ritmo

Sobre el ritmo, hay que mencionar que:

Todo fluye y refluye; todo tiene sus períodos de avance y retroceso, todo asciende y desciende; todo se mueve como un péndulo. La medida de su movimiento hacia la derecha es la misma que la de su movimiento hacia la izquierda; el ritmo es la compensación.

Además, el ritmo se presenta tanto «en la creación como en la destrucción de los mundos, en el progreso como en la decadencia de las naciones, en la vida (...) y, finalmente, en los estados mentales del hombre» (Bioshop El Cambio, 2019).

Causa y efecto

«Toda causa tiene su efecto; todo efecto tiene su causa; todo sucede de acuerdo con la ley; (...) hay muchos planos de causalidad, pero nada escapa a la Ley». Asimismo, «Ningún acontecimiento crea otro, sino que no es nada más que el eslabón precedente en la gran cadena coordenada de sucesos que fluyen de la energía creadora del todo».

Género

«El género existe por doquier; todo tiene su principio masculino y femenino; el género se manifiesta en todos los planos. En el plano físico es la sexualidad». Sobre este principio, hay que saber que: establece que no todos los seres son iguales, se distinguen en su género, y los géneros se buscan para continuar existiendo. Que se requiere de los diversos géneros para mantener la vida, y que los géneros se reflejan unos en otros y son iguales en correspondencia.

La creación se complementa a sí misma, con la interrelación de partes que crean la vida: el ying y el yang.

Cubo de Metatrón

El cubo de Metatrón nos ayuda a comprender la relación los elementos de la creación en nuestra vida cotidiana y nos permite observar cómo todos formamos parte de éstos y, a su vez, estos pertenecen a nosotros; es decir, estamos interconectados con cada uno de los elementos: agua (emociones), tierra (cuerpo), aire (pensamientos), fuego (energía), éter (chispa divina).

CUBO DE METATRÓN

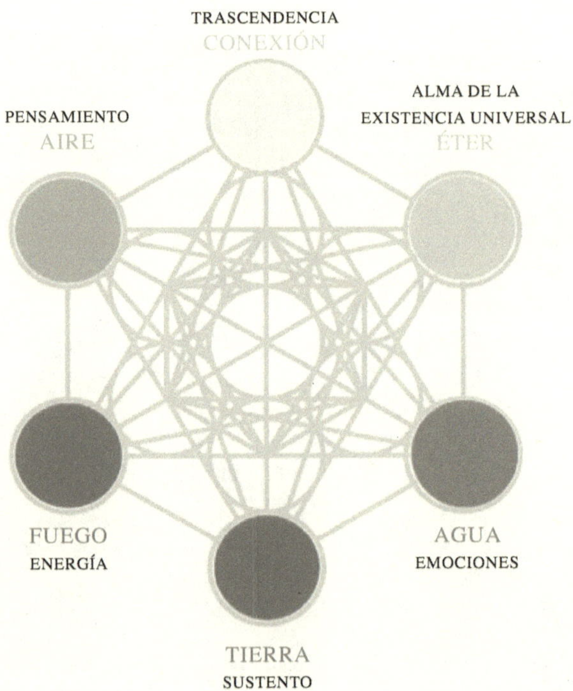

En la medida en que podamos comprender e integrar cada una de las energías en nuestra vida incorporaremos la vibración de cada una de ellas hasta llegar finalmente a la fusión de todos y cada uno de estos elementos y con ello lograr nuestra propia trascendencia como seres conscientes de su existencia, conectados a la fuente.

- La tierra es el arraigo, la vida, la conexión con los demás seres vivos. El sustento, la seguridad, la supervivencia.
- El fuego es la energía que corre dentro de nosotros y nos permite experimentar el calor de la vida. La fuerza que nos empuja, la vitalidad que nos expande la energía.
- El agua son las emociones de la vida, de la tierra son los ríos y mares la lluvia, que son sanadores, que limpian. Éste es el fluido que no se detiene y renueva la existencia. Todo lo que tiene que ver con nuestras aguas, lágrimas, sudor, sangre, nos conecta con la emocionalidad humana, con las relaciones con los demás y con uno mismo.
- El aire es la energía sin forma, como el pensamiento, que crea todo lo que existe. Que puede transformarse de un momento a otro, que cambia como el viento.
- El éter es el alma de la existencia universal, todo lo que no conocemos pero nos une, nos crea y es un gran misterio. La chispa divina que nos hace ser humanos, lo que permite, la vida.
- La conexión es la forma en la que estaremos vinculados de manera consciente a cada uno de estos elementos, habiéndolos sanado, pulido y reconocido como parte esencial de nuestra vida, los integraremos al tenerlos en el equilibrio de la consciencia, como la creación misma con un lazo irrompible con el amor a la vida.

Esta magnífica geometría sagrada resume todo lo que, como seres humanos, hemos de vivir, sanar e integrar durante nuestro tránsito por la Tierra para lograr la conexión consciente con la esencia universal.

Meditar con el Cubo de Metatrón le dará una claridad y comprensión impresionantes a tu vida. Tiene un alto poder de manifestación, ya que contiene todos los elementos de la creación y, además, sus componentes están unidos entre sí por el amor.

Te recomiendo que observes la imagen fijamente unos minutos antes de empezar a meditar y que después cierres los ojos; obsérvala en tu pantalla interior para que empieces a conectarte con la fuerza y el poder de esta magnífica geometría sagrada, que simple y compleja a la vez, dará sentido a tu existencia aclarando tus más profundas esencia.

En su significado básico, el Cubo de Metatrón representa el equilibrio entre lo femenino y lo masculino. Está completamente rodeado y protegido por todos los elementos de la creación con los que convivimos día a día, y están sostenidos por la esencia divina, el éter: el amor.

Desde su centro, el Cubo se conecta con la parte más elevada del amor, que es la estructura que une a toda la creación.

Una vez que puedas observar esta imagen en tu pantalla interior, llévala a tu corazón y presta atención a cómo con cada inhalación y exhalación esta maravillosa estrella crece y crece, hasta que tú quedes en el centro. Desde ahí, podrás fluir de una manera muy profunda en tu meditación, recibiendo la información que estés listo según tu crecimiento espiritual.

¿Cómo funcionan los decretos?

Los pensamientos crean, pero las palabras manifiestan.

Las palabras moldean todos los días nuestra realidad de manera positiva y negativa. Ser conscientes de esto nos permite asumir responsabilidades y comprender que somos creadores de nuestra existencia a través de lo que pensamos y de lo que nos decimos a diario.

Debemos entender que lo que vivimos día a día está directamente relacionado con la programación de nuestra mente, y esta se vuelve realidad a través de: pensamientos, palabras y repetición constante. Con el tiempo, se convertirán en una proyección en nuestra vida, la cual provoca que nos comportemos de la forma en la que, para bien o para mal, fuimos «diseñados».

Hay que comprender que lo único que diferencia a los seres humanos es la programación que recibimos desde la infancia en nuestra familia, en nuestra educación escolar y en aquello en lo que permitimos ser influenciados.

Aquí radica el gran poder de las palabras y pensamientos que nos repetimos todos los días, pues se vuelven órdenes para el cerebro y moldean nuestra experiencia de vida, sin que seamos conscientes de ello. Es por esto por lo que, debemos estar muy pero muy pendientes de lo que nos decimos y nos dicen.

Los pensamientos se vuelven palabras y estas a su vez se convierten en acciones, por lo que, de manera inconsciente, materializamos lo que deseamos y a veces también lo que no queremos. Este es un gran poder y hay que aprender a usarlo, a nuestro favor si queremos manifestar la vida que deseamos en nuestro interior y pueda plasmarse en el exterior; para no sabotear nuestros planes una y otra vez, sin tener la claridad de qué sucede.

La realidad es que, a diario, somos programados de forma inconsciente por nosotros mismos con nuestro diálogo interno o por agentes externos de forma constante. Todo el tiempo estamos influenciados por diversos mensajes, algunos subliminales y otros directos que moldean nuestro pensamiento de aceptación o rechazo a diferentes áreas de la vida. Hacernos conscientes de qué es a lo que estamos expuestos de forma frecuente es una necesidad para identificar nuestra programación y, de esta manera, ser conscientes de qué o quién nos influye.

Valdría la pena prestar atención a la información directa o indirecta que recibimos en nuestra mente todo el día para saber la forma en la que estamos siendo dirigidos y si eso es algo que deseamos o no.

Te invito también a que hagas un análisis de las palabras y conceptos que tu mente repite en el diálogo interno para que identifiques cuáles son las programaciones de tu mente y con cuáles funcionas de manera positiva e identifiques los que actúan en ti de manera negativa, para que trabajes en modificarlos a tu favor.

Decretos negativos:

- Tengo miedo.
- No puedo.
- La situación está muy complicada.
- No soy bueno para esto o aquello.
- Todo me sale mal.
- No tengo dinero.
- Todo es un caos.

Cuando tomamos consciencia de este poder empezamos a utilizar esta gran herramienta para transformar nuestra vida con un enfoque dirigido a través de decretos positivos, llenos de toda la energía de la que queremos ser influidos para manifestarla en nuestra cotidianidad. Esto implicará estar consciente de tus pensamientos y palabras al mismo tiempo que las dices, para identificar la forma en la que te autoprogramas ya sea con tu diálogo interno y también de la forma en que te expresas a otros en la cotidianidad.

A partir de hoy puedes empezar a crear pensamientos y decretos positivos para para dar forma a tu mundo con consciencia del aquí y ahora, proyectando tu bienestar y el de los que te rodean. Elevarás de inmediato tu estado de ánimo y abrirás nuevas posibilidades de acción en tu mente.

Decretos positivos:

- Yo me amo, me apruebo y soy muy feliz.
- Yo encuentro soluciones fáciles para mi vida.
- Yo soy próspero y abundante, tengo amplia capacidad.
- Yo soy mi verdad, tengo confianza en mí.
- Yo manifiesto posibilidades de prosperar.
- Yo convivo en armonía, paz y felicidad.
- Yo soy mi corazón en acción, manifestado en mi vida.
- Yo tengo todo lo que quiero y necesito para mi más alto bien.
- Yo logro todo lo que propongo en mis proyectos.
- Yo soy el amor y la paz en mis relaciones.
- Yo resuelvo las situaciones de mi vida con serenidad y armonía.
- Yo soy la victoria de mi vida en todo lo que emprendo.

Al momento de empezar a decretar palabras de alta vibración, automáticamente tu química cerebral emitirá nuevas hormonas asociadas con el bienestar, la armonía, la paz, el amor, el logro y el empoderamiento. Y con la repetición constante de manera sostenida en el tiempo, tu cerebro tendrá nuevas estructuras de pensamiento sobre las cuales responder a los retos que la vida te presente para así crear formas más orgánicas y eficientes de funcionar en el día a día.

Es momento de que continúes esta lista para que puedas crear lo que más desees y manifestar tu vida por todo lo alto.

¡Los decretos deben hacerse en primera persona, en tiempo presente, en positivo y sin dudar! A partir de ahora puedes empezar a crear los decretos que transformarán tu vida de manera consciente y positiva.

Te invito a que hagas un examen de conciencia y a que en una hoja escribas tanto lo positivo como lo negativo que repites en tu mente.

¡Te vas a sorprender de la forma en la que tú mismo te programas!

Astrología y fases lunares

La astrología es una de las ciencias más antiguas. Ella nos indica la posición de los planetas y los astros que existen en el vasto universo; nos permite saber y sentir cómo sus diferentes posiciones y conjunciones nos influyen en la vida de los seres humanos.

Fases lunares. Imagen tomada de Freepik.

Creas o no en la astrología, ésta indudablemente repercute en tu vida, de manera positiva algunas veces y negativa aparentemente en otras. Ya que las diferentes experiencias que adquirimos nos permiten tener aprendizajes de todo tipo que van forjando nuestra existencia como seres humanos. Estas fuerzas poderosas en constante movimiento nos afectan y potencian de una u otra manera, seamos conscientes o no.

Esto permite la danza de la vida y la creación de las diferentes situaciones en las que nos vemos inmersos. Estar conscientes de ello nos ayudará a ver las cosas con mayor perspectiva y a comprender por qué sucede lo que sucede, a veces con tintes de magia y otras con exceso de cruda realidad.

La Luna es una gran fuerza magnética que siempre ha cautivado y guiado al ser humano a lo largo de la historia para realizar todas sus actividades. Las culturas antiguas se guiaban por las fases lunares, para desarrollar sus propósitos y ésta era tomada en consideración cada vez que se debía tomar una importante decisión. Por su misticismo y misterio, este potente satélite nos ha fascinado durante toda la existencia humana, inspirando mitos y supersticiones de todo tipo. Este maravilloso astro también ha sido fundamental para la medición del tiempo, marcando los meses y las estaciones del año.

Desde la antigüedad, sus fases se utilizaban para planear la agricultura, los viajes marítimos y terrestres, así como festividades de todo tipo. En las diferentes culturas alrededor del mundo y en todas las épocas, la Luna ha dirigido la vida humana.

El hombre ha tenido una fascinante conexión con este gran satélite, las actividades humanas se conectan y relacionan con sus efectos. Un clarísimo ejemplo es cómo afecta a las mareas y a mujeres embarazadas; cuando ya están a término de su gestación, ésta acelera el nacimiento del bebé.

Sin embargo, con la modernidad y la inmersión en la tecnología hemos perdido esa relación tan íntima con la Luna, que aún sigue impactando con su gran poder en nuestra percepción de la realidad, dependiendo de la fase lunar en que nos encontremos. Revisar los períodos lunares nos ayudará entender sus beneficios y a reconectarnos con los aspectos de la vida vistos desde la influencia de los ciclos lunares.

La fuerza magnética de la Luna nos puede impulsar para que aprendamos a conocernos a nosotros mismos en con muchísima más claridad en cada una de sus fases y tengamos posibilidad de concreción y manifestación de nuestros deseos y proyectos; o en sentido opuesto, que debilite todo aquello que hemos planeado. Por ello, es muy importante conocer sus fases, qué puedes hacer en ellas y qué emociones imperan en cada una.

A través del conocimiento de las fases lunares podrás guiar cada una de tus acciones a lo largo del mes, viendo cómo fluyes mejor en la vida y en cada una de tus actividades del día a día.

Fases lunares

- **Luna nueva:** plantar semillas, establecer intenciones, visualizar.
- **Luna nueva visible:** primeros pasos, tomar acción e iniciativa.
- **Gibosa creciente:** perfeccionar, momento clave, revisar.
- **Cuarto creciente:** esfuerzos, crecimiento, primeras manifestaciones.
- **Luna llena:** revelaciones, claridad, culminación.
- **Gibosa menguante:** primeros frutos, cosecha, celebración.
- **Cuarto menguante:** limpieza, purga, selección.
- **Luna balsámica:** cierres, desintoxicar, renacer.

La luna nueva es el momento ideal para iniciar cualquier cosa que deseemos, plantar las semillas de intenciones y visualizar desde nuestro interior todo aquello que deseamos lograr con el poder de nuestra intención bien enfocada.

Asimismo, veremos que la luna nueva visible y gibosa creciente, nos servirá para tomar acción en aquello que deseamos y revisar esas acciones que emprendamos.

Es en el cuarto creciente es cuando empezaremos a ver el crecimiento y las manifestaciones del esfuerzo realizado.

La Luna llena permitirá ver cómo nuestras intenciones empiezan a revelarse con claridad, y observaremos cómo nuestros deseos empiezan a cobrar una forma clara de manifestación.

La gibosa menguante nos dará los primeros frutos y podremos empezar la cosecha tan ansiada.

El cuarto menguante será el tiempo de empezar la limpieza y la purga para poder renovarnos.

La luna balsámica, finalmente, nos dará la oportunidad de cerrar ciclos, haciendo depuraciones y desintoxicaciones para poder empezar uno nuevo.

Te invito a que empieces a utilizar la influencia de los ciclos lunares para ordenar y dar sentido a tu vida y a tus proyectos, comprobando los resultados que la fuerza de la Luna puede ofrecerte. Solo es cuestión de organizarte, revisar el calendario lunar mes a mes e identificar cuál es el mejor momento para planificar tus proyectos y relaciones.

Lo ideal será que intenciones a través de la meditación y te conectes con lo más profundo de tu interior elevando tus deseos, con la fuerza de tu visualización y proyección, apoyándote en un poderoso decreto que te permita la manifestación de aquello que anhelas, con la energía más pura de tu ser. Podrás conectarte desde tu profundidad con la energía del cosmos, sintiéndote parte activa y creadora de esta maravillosa vida en la que hoy despiertas a la consciencia de poder influir desde tu más pura intención.

Fases lunares. Imagen tomada de Freepik.

Pasos para entrar en meditación profunda

Es muy sencillo poder entrar en tu conexión interior. Lo único que necesitas es *tiempo* para dedicarte a ti mismo, *paciencia* para saber que avanzarás en el proceso, *confianza* en que tienes todo lo necesario en tu interior para lograr cada vez mejores interiorizaciones, así como una adecuada *determinación* para sobrepasar cualquier reto o resistencia que se presente en el camino.

- Ponte cómodo, con la espalda recta, y cierra los ojos.
- Empieza a respirar profundamente, respetando las pausas para relajarte y entrar en tu profundidad.
- Invoca la guía y la protección de tus maestros de luz, ancestros y seres protectores.
- Protege tu campo áurico envolviéndote en luz azul o violeta.
- Lleva las manos a tu pecho en señal de agradecimiento, intencionando este momento sagrado.
- Pon las manos en tu regazo o con algún mudra de tu preferencia.
- Verifica tu postura y pon tu espalda recta, con el mentón un poco inclinado hacia adentro, que tus cervicales estén relajadas y que ninguna parte de tu cuerpo se sienta incómoda.
- Continúa con tu proceso de respiración, pausando la inhalación y exhalación de 6 a 8 segundos entre cada respiración, permitiendo que la exhalación sea cada vez más larga.
- Ve entrando poco a poco en el silencio profundo de tu interior, relajándote cada vez más, teniéndote confianza, sin miedo de lo que puedas ver o sentir, todo es perfecto cuando te encuentras contigo mismo.

- Mantén la atención en el proceso de respiración (cada vez más natural, pero respetando las pausas).
- Conéctate con la madre tierra (enráizate), siente y visualiza cómo recibes la energía de la Tierra con toda su potencia protectora y su amor incondicional para todos los seres que la habitan.
- Conéctate con el padre cielo (pide un rayo de protección del color que desees trabajar) anclándolo en tu corazón. Visualiza cómo desciende del cielo el rayo que tú has pedido y penetra en tu cabeza a través de tu coronilla, beneficiándote de su maravillosa esencia.
- Envuélvete en la energía de tu corazón, del cielo y de la tierra.
- Establece tu intención poderosa (decretos), fluyendo cada vez más conectado, a tu respiración profunda, lenta y suave.
- Pon atención a tu pantalla interior, justo en medio de las dos cejas y observa las imágenes o colores que puedan aparecer durante el proceso de la interiorización, ellos serán claves de información que después podrás utilizar a tu favor.
- Déjate fluir, permite que los pensamientos que puedan distraerte pasen, manteniendo la atención en tu respiración, repitiendo mentalmente tu decreto nuevamente para que te conectes con la frecuencia de la elevada vibración que hayas escogido.
- Continúa respirando pausada y profundamente, adentrándote cada vez más en tu maravilloso mundo interior. Con confianza y seguridad, sintiéndote cada vez más feliz en compañía de la persona más importante para ti: tú mismo.

- Mantén la intención de tu decreto, inhala y exhala visualizando y sintiendo aquello que deseas manifestar.
- Obsérvate por un instante, siente tu cuerpo, mente y emociones, y empieza a comprenderte cada vez más. Date cuenta de que tienes la capacidad de observarte desde tu ser, teniendo clara consciencia de cada una de las partes de tu cuerpo, pudiendo sentir cada aspecto de ti mismo.
- Permanece en este estado, fluyendo en armonía, recibiendo información, liberando emociones, ordenando tu mente y sintiendo cada vez más paz y bienestar. Puede que llegues a un gran momento de satisfacción y bienestar inigualable y de manera natural, se dibuje una sonrisa en tu rostro. ¡Lo has logrado! Has conectado con la parte más profunda de ti en consciencia.
- Continúa en relajación profunda hasta que decidas terminar, dándole tiempo a tu cuerpo físico y a tu mente, que puedan regresar a tiempo presente para conectarse nuevamente a la vida cotidiana.
- Da las gracias a los seres que te acompañaron y protegieron en este maravilloso momento, de profunda conexión y pide siempre su guía y acompañamiento en cada momento de tu día.
- Abre los ojos poco a poco y empieza a moverte hasta integrarte de nuevo al presente, con energía renovada y lleno de luz y claridad interior.

Meditación para sanar

Cierra los ojos, inhala y exhala con calma varias veces por la nariz respetando las pausas para que te relajes cada vez más. Respira profunda y lentamente para que te adentres en tu interior.

Inhala y exhala por la nariz con suavidad y calma.

Observa cómo te sientes. Acomoda tu cuerpo, que nada te moleste. Nota cómo se forma dentro de tu pecho una luz blanca y brillante que se empieza a expandir desde el centro de tu corazón. Con cada inhalación y exhalación permite que esta luz se expanda hasta abarcar todos tus chakras, desde la base de tu cuerpo y hasta el tope de tu cabeza.

Inhala y exhala por la nariz suave y lentamente.

Observa esa esfera de luz bajar por tu canal central. Al llegar a tus pies, esa energía sale en forma de fuertes raíces que bajan hasta el centro de la madre tierra y pídele amorosamente que te reciba, permitiendo que tus raíces entren en su centro de puro amor y luz cristalina. La energía luminosa y radiante de la Madre Tierra sube inmediatamente por tus raíces, nutriéndolas, hasta llegar a tu chakra «raíz», permitiendo que esa energía pura y lumínica suba a través de tu canal central, hasta salir por tu chakra «corona», como si brotara de tu cabeza una inmensa fuente de energía que limpia y purifica todo tu canal central, impregnando tu aura y campo electromagnético.

Inhala y exhala por la nariz suave y lentamente.

Pide que, desde tu corazón, salga un rayo poderoso hacia el Cielo. Con la fuerza de tu intención llega hasta la fuente, al creador, a Dios, a quien puedes visualizar como un espacio blanco y radiante en el centro del universo al cual te conectas. Pídele ahora que te regale un rayo dorado (o del color que elijas), que baje por todo el espacio y llegue hasta tu chakra noveno superior, entrando por el chakra «corona», bajando hasta el corazón e impregnando todos los chakras hasta llegar al centro de la Madre Tierra.

Inhala y exhala por la nariz suave y lentamente.

Observa con cada inhalación y exhalación cómo el aire se vuelve cada vez más luminoso y entra a todas las células de tu cuerpo, iluminando y reparando cada parte de ti. Siente que cada vez te relajas más y más, gracias a esta hermosa energía de amor, oxigenando cada parte de tu cuerpo, tu sangre y descendiendo tu ritmo cardiaco.

Inhala y exhala por la nariz suave y lentamente.

Visualiza cómo tus músculos reciben el aire puro y cómo ilumina cada fibra de tu cuerpo. Observa cómo te relajas más y cómo todos los sistemas de tu cuerpo descansan y purifican con este maravilloso oxígeno. Siente también a ese aire luminoso llegar a tu cerebro, cuyas partes se encienden. Continúa ablandando tu cuerpo cada vez más.

Inhala y exhala por la nariz suave y lentamente.

Da la orden de forma sutil para que, dentro de tu cabeza, la glándula pineal se active y empiece a girar lentamente. Trata de sentirla o al menos, visualizarla. Observa cómo toma un ritmo natural de movimiento y cómo tus demás glándulas se activan, sincronizándose a la perfección. Siente su energía y movimiento, tus glándulas se activan al contacto con la energía del éter, que entra por el aire que inhalas.

Inhala y exhala por la nariz suave y lentamente.

Observa y siente a tu cuerpo encenderse e iluminarse en esa gran luz que eres y que nace desde el centro de tu corazón. Inhala y exhala relajándote cada vez más y confiando en tu proceso.

Inhala y exhala por la nariz suave y lentamente.

Una vez que estés completamente relajado y conectado profundamente con tu interior; observa a tu cuerpo convertido en una esencia brillante de luz. Esta energía que emana de tu ser da la orden para seguir expandiéndose cada vez más a través de la respiración y de tu intención, sintiéndola en la profundidad de tu ser.

Inhala y exhala por la nariz suave y lentamente.

En este momento estás completamente conectado, ya eres ese puente que conecta la energía del cielo y de la Tierra y la emite a través de tu corazón a todo el universo (*antahkarana*).

Inhala y exhala por la nariz suave y lentamente.

Ahora puedes pedirle algo a la fuente o establecer un decreto de luz y amor que impregne tu vida presente y te permita empezar a modificar cada aspecto de ti mismo. También puedes pedir un rayo poderoso del color que consideres; te ayudará a potenciar todo aquello que deseas.

Inhala y exhala por la nariz suave y lentamente.

Continúa respirando y expandiéndote serenamente, conecta con algún aspecto de tu vida emocional y permite que fluyan de tu interior aquellas emociones que estén listas para salir, liberando y sanando tu interior. Permite que se liberen todas las energías densas y estancadas hasta convertirlas en un sentimiento de sanación y perdón.

Inhala y exhala por la nariz suave y lentamente.

Permítete fluir en esa energía de sanación. Con la fuerza de tu respiración continúa sintiendo, escuchando y viendo todo aquello que el universo te quiera mostrar y que estés listo para recibir.

Inhala y exhala por la nariz suave y lentamente.

Quédate en ese estado todo el tiempo que quieras y necesites para nutrir tu alma. Cuando estés listo para terminar tu sesión de conexión con la fuente, lleva tus manos al corazón y agradece este maravilloso momento de fusión con lo más sagrado de ti.

Inhala y exhala por la nariz suave y lentamente.

Cuando estés listo, prepárate para salir de nuevo al mundo, pero con una energía completamente renovada y llena de amor para vivir tu vida desde la energía de amor y liberación que acabas de crear y también compartirla a quienes te rodean.

Meditación para sanar. Imagen tomada de Freepik.

Al integrar la meditación en tu vida

- Podrás descubrir quién eres desde la sagrada esencia de tu Ser.
- Podrás saber por qué y para qué has venido a la Tierra.
- Podrás conocerte a profundidad y descubrirás tus dones y talentos únicos.

- Tendrás la fuerza y la claridad para desarrollar tu misión de vida.
- Obtendrás o crearás el trabajo de tus sueños.
- Utilizarás todo el poder de tu glándula pineal a tu favor, despertando todo tu potencial.
- Podrás mostrarte como realmente eres a los demás, desde tu verdad y sin temor.
- Obtendrás la claridad en la vida que tanto anhelas y podrás conducirte con fuerza y poder, pero también con compasión y amor.
- Sabrás decidir de manera correcta tus mejores caminos, por lo que te convertirás en alguien independiente y autónomo.
- Te liberarás de las falsas creencias que hoy te atan y no te permiten ser feliz.
- Estarás al servicio de la vida y del amor, descubriendo el universo dentro de ti.
- Recorrerás con fidelidad y firmeza el camino a tu felicidad.
- ¡Empezarás a vivir realmente!

Desintoxicación

Es muy importante que comprendas que cuando un cuerpo está saturado de sustancias y energías nocivas para la salud es muy difícil tener acceso a las sutiles frecuencias con las que queremos contactar a través de la meditación autónoma.

Es fundamental reflexionar sobre nuestros hábitos alimenticios, de descanso y los componentes químicos que estimulan a nuestro organismo, pues la saturación de carnes, alcohol, drogas, cafeína o tabaco, entre otros, dificultará y ralentizará la posibilidad de tener experiencias sutiles palpables y beneficiosas para el alma.

Asimismo, hay que procurar disminuir toda información tóxica que hacemos llegar a nuestra mente por los diversos medios a los que estamos expuestos hoy en día, ya que nuestros cuerpos sutiles también se afectan por la sobresaturación de imágenes, sonidos, ideas y personas nocivas.

Por ello, si antes has intentado meditar quizás no hayas podido. Debemos comprender que estamos en un mundo que hace todo para sobrecargarnos de todo tipo de información; esto evita que puedas voltear a ver a tu interior; pues, en apariencia, todo lo externo es mucho más ruidoso, atractivo y emocionante. Esto nos distrae de lo verdaderamente valioso: conocer nuestra esencia así como nuestro mundo interior.

Cuando pones en una balanza cuáles son los beneficios de meditar contra los perjuicios de no hacerlo; vas a darte cuenta de que tu paz, salud, tranquilidad, bienestar y armonía son algo que siempre vas a necesitar a lo largo de tu vida. Por lo tanto, integrar la meditación y encontrar el equilibrio entre disfrutar del mundo y tener conexión con tu lado espiritual te dará la mayor de las ventajas. Podrás tener lo mejor de dos mundos y vivir en equilibrio y armonía, comprendiendo tu interior y viviendo en el exterior de la mejor manera posible.

Así que te invito a que hagas una reflexión profunda y, si de verdad te interesa, empieza a recorrer este camino de verdad y conocimiento hacia tu interior. Para ello, será vital que empieces a modificar los hábitos que no te permiten ver y sentir aquellas bendiciones que siempre han estado cerca de ti y que pueden crecer día con día, pero que, al estar intoxicado de sustancias, personas e ideas perjudiciales, no puedes percibir.

Los excesos nunca han sido buenos, por lo que encontrar el equilibrio en todo lo que hagas será una de tus mayores ventajas y bendiciones de tu vida.

Siempre que puedas

- Abre la mente y expande tu conciencia.
- Trae el brillo de tu alma a este mundo.
- Ilumina tus partes que lo necesitan.
- Libera emociones estancadas.
- Permite la observación profunda de tu interior.
- Fortalece tu cuerpo y evita enfermedades.
- Conecta con el ritmo de la vida.
- Equilibra tus polaridades femenina y masculina.
- Crea tu propia forma de ser y de vivir.
- Crea tu propia forma de servir.
- Entrega siempre lo mejor y lo mejor volverá a ti.
- Conviértete en tu mejor versión ahora.
- Transfórmate y evoluciona tanto como puedas.

Deseo profundamente que la meditación se convierta en uno de los motores más grandes de tu vida. Agradezco tu luz, tu presencia y tu consciencia.

Finalmente, y como un gran regalo de nuestros amados arcángeles, te invito a que entres a nuestra página web y solicites en el formulario el acceso a las meditaciones gratuitas y en vivo para que practiques todo lo que aquí has aprendido.

Con profundo amor y respeto te bendigo.

¡Que disfrutes tu nueva vida en conexión con tu sagrada esencia!

https://victoria-y-desarrollo-personal.ueniweb.com/

Testimonios

Caso 1

Mi nombre es Wendy S., y soy de Culiacán, Sinaloa, México. Honestamente no me imaginaba como iba a ser, pero me dejó muy impresionada todo lo que experimenté. El conectar con nuestra Madre Tierra y nuestro Ser Superior fue algo que sentí en total armonía, como si fuera un abrazo de bienvenida provocando una sonrisa en mi rostro, las sensaciones en mi cuerpo... Confieso que me daba un poco de miedo, pero sabía que era parte del proceso. Había pasado un día ajetreado y me liberé por completo del estrés. Quedé muy tranquila, logrando tener un gran día.

Me gustaría mencionar algo que se me hizo relevante: al finalizar la conexión con nuestra Madre, miré cómo una hermosa ave azul despegaba de entre mis piernas y subía con una hermosa luz. Después de eso recuerdo sentí una total armonía al estar conectada con el Ser Superior y nuestra Madre.

29 de octubre de 2021

Caso 2

¡Muchas gracias por tus grandes cursos llenos de aprendizajes para el alma y la mente! Me han ayudado mucho, siento que todos mis días son muy felices, que brillo con tanta energía. No es verdad cuando dicen que no puedes ser feliz siempre, claro que sí se puede, yo lo soy desde que medito y le doy a mi Ser media hora de mi tiempo para conectarme conmigo misma. Hace mucho que no tengo ninguna clase de problema, y si lo llego a tener lo resuelvo con facilidad gracias a que me doy cuenta de que el universo está conmigo, no en mi contra, y cualquier problema en mi vida, si llevo de la mano mi meditación, será fácil de resolver para mí y para cualquiera que aprenda esto. Mi vida cambió totalmente. ¡Gracias, gracias, gracias!

Ali, de Culiacán, Sinaloa. 15 de agosto de 2021

Caso 3

Las meditaciones guiadas por Vanessa y sus recomendaciones de posturas, respiraciones y técnicas para la meditación me han ayudado de manera exponencial y de diferentes maneras en mi vida. He logrado conectar conmigo misma, con las personas de mi alrededor y, sobre todo, con mi espiritualidad. Ella hizo la transición de nunca haber meditado a meditar regularmente de manera muy sencilla y bien informada. De igual manera, he disfrutado mucho sus cursos y pláticas, siempre compartiendo contenido de mucho valor respaldado por su experiencia personal y profesional. ¡Recomiendo su contenido a cualquier persona que esté en busca del crecimiento personal y emocional!

Ale, Vancouver, 2021

REFERENCIAS BIBLIOGRÁFICAS

Alonso Fustel, E., García Vázquez, R., Onaindia Olalde, C. (2011). *Campos electromagnéticos y efectos en salud.* Subdirección de Salud Pública de Bizkaia. https://www.euskadi.eus/contenidos/informacion/salud_amb_campos_electrom/es_def/adjuntos/cem_es.pdf

Asociación Valverdeña de la Enfermedad de Andrade (7 de mayo de 2021). *Beneficios para la salud de la meditación.* https://www.enfermedadandradevalverde.com/beneficios-para-la-salud-de-la-meditacion/

Bioshop El Cambio [bioshopelcambio]. (3 de agosto de 2019). *Los Siete Principios Herméticos.* [Publicación de estado]. Facebook. https://www.facebook.com/bioshopelcambio/photos/los-siete-principios-herméticosi-el-principio-del-mentalismoel-todo-es-mente-el-/1585499591586535/

Cuerpo Mente (15 de marzo de 2021). *¿Por qué funciona la meditación y cómo aprovecharlo?* https://www.cuerpomente.com/salud-mental/por-que-funciona-meditacion-tecnicas-efectos_4263

Despierta Córdoba (22 de febrero de 2018). *Campo Electromagnético de las Personas.* https://despiertacordoba.wordpress.com/2018/02/22/campo-electromagnetico-de-las-personas/

Fastmind (16 de junio de 2020). *Estudio de Ondas Cerebrales aplicado en FastMind.* https://www.fastmind.com.mx/post/estudio-de-ondas-cerebrales

Instituto Internacional de Desarrollo Humano y Capacitación (s.f.). *Terapeuta holístico. Formación y certificación.* https://www.idecmexico.com.mx/wp-content/uploads/2022/08/Terapeuta-Holi%CC%81stico-I-1-1.pdf

Kybalión (s.f.). En *Wikipedia*. Recuperado el 20 de mayo de 2023 de https://es.wikipedia.org/wiki/Kybalión

López-Muñoz F., Rubio, G., Molina, J. D., Alamo, C. (2012). La glándula pineal como instrumento físico de las facultades del alma: una conexión histórica persistente. *Neurología.* 27(3):161-8. https://doi.org/10.1016/j.nrl.2011.04.018

Los siete cuerpos. https://docplayer.es/197630310-Tema-18-los-siete-cuerpos.html

Merkhaba Yoga (1 de diciembre de 2016). *El corazón tiene neuronas.* https://merkhaba.com/el-corazon-tiene-neuronas/

Neurofeedback (24 de julio de 2019). *¿Qué son las ondas cerebrales?* https://www.neurofeedback.cat/que-son-las-ondas-cerebrales/

Puebla Guedea, M. (2020). Efecto de mindfulness sobre variables psicológicas y biológicas en meditadores de larga duración. [Tesis doctoral, Universidad de Zaragoza]. https://zaguan.unizar.es/record/101479/files/TESIS-2021-144.pdf

Sicoenergética (s.f.). Cuerpo físico. https://sicoenergetica.com/cuerpo-fisico/

Texas Healers. (s.f.). *Clear and Activate Hidden Charkras.* https://texashealers.com/hidden_chakras

Tilio, A. (s.f.). *Antahkarana.* https://designificados.com/antahkarana/

Trucos de Mamás (s.f.). Mindfulness: *la técnica oriental que se impone en los colegios.* https://trucosdemamas.com/mindfulness-la-tecnica-oriental-se-impone-los-colegios/

Vélez, M. (15 de septiembre de 2019). *Glándula pineal (el secreto).* https://marcosvelez.com/2019/09/15/glandula-pineal-el-secreto/

Villeda, P. (8 de mayo de 2021). *Resonancia Schumann.* https://patriciovilleda.com/2021/05/08/resonancia-schumann/

Visión Consciente Blog (6 de septiembre de 2017). El campo magnético del corazón. http://joshasher.blogspot.com/2017/09/el-campo-magnetico-del-corazon.html

LECTURAS RECOMENDADAS

Redimensiónate y exprésalo en salud (Ilgora Pizzolante)

El espejismo de la luz en la Tierra (Lisette Brito)

108 reflexiones en el camino espiritual (Leonel Ramírez Godoy)

Orar para el alma (Pía Baltra)

www.ingramcontent.com/pod-product-compliance
Lightning Source LLC
LaVergne TN
LVHW091102150826
845673LV00002B/693

* 9 7 8 6 1 2 5 1 1 2 7 4 3 *